浙江省机动车维修技术人员从业资格培训教材

汽车美容与装饰

（模块 K）

浙江省机动车维修技术人员从业资格培训教材编写组　编

许云珍　主编

徐立能　参编

人民交通出版社

内 容 提 要

本书为浙江省机动车维修技术人员从业资格培训教材。全书共分六章，主要内容包括：汽车美容与咨询服务、车貌检查、车辆清洗、车辆美容、汽车装饰、设备维护与劳动安全。

本书可供机动车维修技术人员从业资格考试前复习参考使用。

图书在版编目（CIP）数据

汽车美容与装饰：模块 K / 许云珍主编. — 北京：人民交通出版社，2013.3

浙江省机动车维修技术人员从业资格培训教材

ISBN 978-7-114-10419-0

Ⅰ. ①汽…　Ⅱ. ①许…　Ⅲ. ①汽车 - 车辆保养 - 技术培训 - 教材　Ⅳ. ①U472

中国版本图书馆 CIP 数据核字（2013）第 041629 号

浙江省机动车维修技术人员从业资格培训教材

书　　名：**汽车美容与装饰**（模块 K）
著 作 者：许云珍
责任编辑：顾燏鲁　翁志新
出版发行：人民交通出版社
地　　址：（100011）北京市朝阳区安定门外外馆斜街 3 号
网　　址：http://www.ccpress.com.cn
销售电话：（010）59757973
总 经 销：人民交通出版社发行部
印　　刷：北京市密东印刷有限公司
开　　本：720×960　1/16
印　　张：6.75
字　　数：100 千
版　　次：2013 年 3 月　第 1 版
印　　次：2013 年 3 月　第 1 次印刷
书　　号：ISBN 978-7-114-10419-0
定　　价：16.00 元

前言
FOREWORD

交通部颁布实施的《道路运输从业人员管理规定》，规定了机动车维修技术负责人、质量检验人员及从事机修、电器、钣金、涂漆、车辆技术评估（含检测）作业的技术人员实行从业资格考试制度。从业资格考试是根据浙江省道路运输管理局印发的《浙江省机动车维修技术人员从业资格培训大纲》、《浙江省汽车维修企业价格结算员、业务接待员、汽车车身美容装潢工、轮胎修理工、摩托车维修工从业资格考试大纲》、考试题库、考核标准、考试工作规范和程序组织实施。

为配合浙江省机动车维修技术人员从业资格考试，做好相关的从业人员的培训工作，我们组织相关老师及长期从事技术管理的有关人员，编写了浙江省机动车维修技术人员从业资格培训教材。本套丛书共 13 册，分别为：《职业道德和法律法规（模块 A）》、《技术质量管理（模块 B）》、《维修检验技术（模块 C）》、《发动机与底盘检修技术（模块 D）》、《电器维修技术（模块 E）》、《车身修复（模块 F）》、《车身涂装（模块 G）》、《车辆技术评估（模块 H）》、《汽车维修价格结算（模块 I）》、《汽车维修业务接待（模块 J）》、《汽车美容与装饰（模块 K）》、《汽车轮胎修理（模块 L）》、《摩托车维修（模块 M）》。

本教材是依据浙江省机动车维修服务的实际需要，配合浙江省维修企业管理部门的要求及从业人员在职学习的特点，按照理论与实践相结合的原则编写的。在注重加强机动车维修技术人员的理论学习与实际操作能力提升的同时,也适当加入了机动车维修发展的前沿技术等方面的知识。

本书由浙江交通技师学院的许云珍老师担任主编,徐立能老师担任参编。

由于时间仓促和编写的水平有限,书中难免存在一定的疏漏和不足之处,敬请业内同行和使用者批评指正,以便教材再版时不断修改完善与提高。

浙江省机动车维修技术人员
从业资格培训教材编写组
2013 年 1 月

目录

CONTENTS

第一章 汽车美容与咨询服务

第一节 汽 车 概 述

一 我国的汽车分类

按照 GB/T 3730.1—2001《汽车和挂车类型的术语和定义》,汽车分为乘用车和商用车两大类。乘用车主要用于承载人及随身行李、临时物品,包括驾驶人在内最多不超过 9 个座位,它还可以牵引挂车。商用车主要用于运送人员及货物,并可以牵引挂车。具体分类如图 1-1 所示。

二 车辆识别代码

车辆识别代码是制造厂为了识别车辆而按照国际统一的规定给每辆车指定的一组字码,也就是这辆车的身份证号。VIN 车辆识别代码共 17 位,又称 17 位码、VIN 码,如图 1-2 所示。车辆识别代码位于车辆前半部分的仪表台上或直接打印在车架、车身等部件上。

三 汽车基本构造

汽车由发动机、底盘、车身、电气设备四大部分组成。下面主要介绍与汽车美容装饰密切相关的组成结构。

1. 轿车车身及构件组成

轿车车身结构主要包括:车身壳体、车门、车窗、车前钣金制件、车身内外装饰件和车身附件、座椅,以及空气调节装置等。

汽车
乘用车
(不超过9座)
普通乘用车
活顶乘用车
高级乘用车
小型乘用车
敞篷车
仓背乘用车
旅行车
多用途乘用车
越野乘用车
短头乘用车
专用乘用车：防弹车、救护车等
商用车
客车
小型客车
城市客车
长途客车
旅游客车
铰接客车
无轨电车
越野客车
货车
普通货车
多用途货车
全挂牵引车
越野货车
专用作业车
专用货车
半挂牵引车

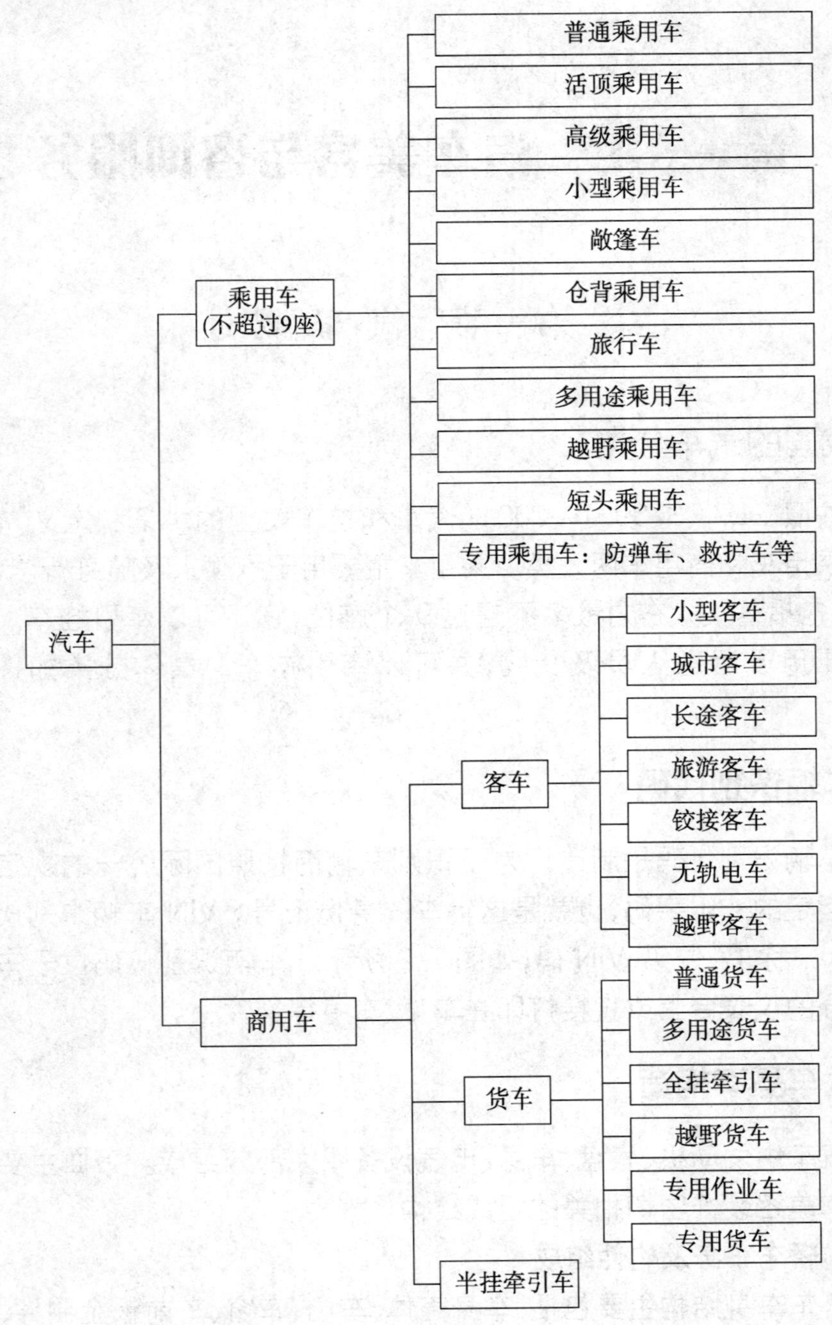

图 1-1　汽车分类

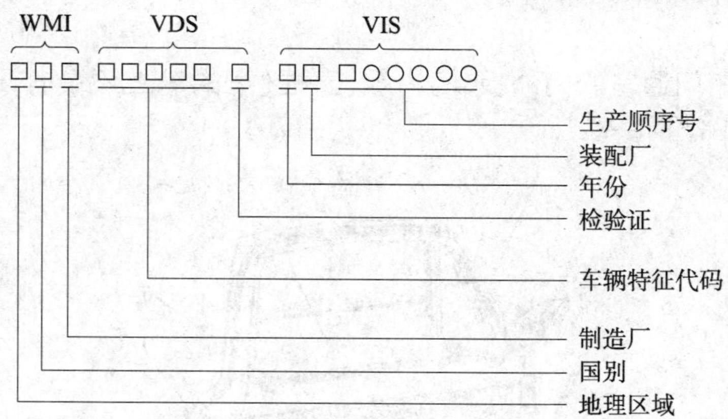

图 1-2　车辆识别代码组成

车身壳体是一切车身部件的安装基础，通常是指纵、横梁和支柱等主要承力元件以及与它们相连接的钣金件共同组成的刚性空间结构。车身壳体通常还包括在其上敷设的隔声、隔热、防振、防腐、密封等材料及涂层。典型的非承载式轿车车身壳体构造如图 1-3 所示。

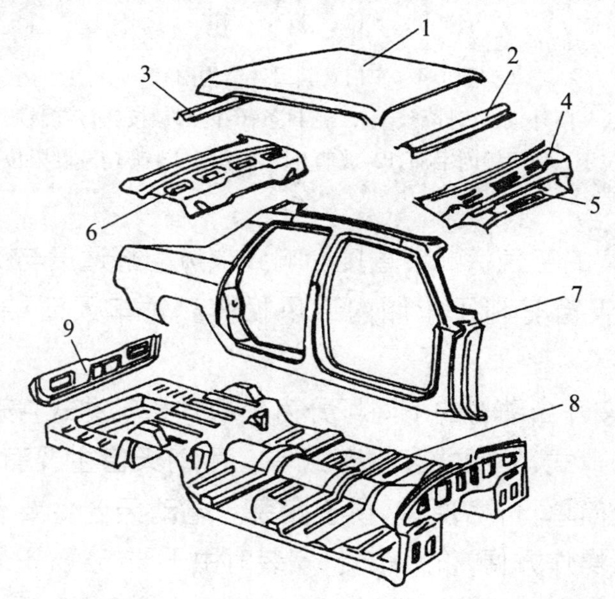

图 1-3　典型非承载式轿车车身壳体构造示意图

1-顶盖；2-前风窗框上横梁；3-后风窗框上横梁；4-前围上盖板；5-前围内盖板；6-后围上盖板；7-侧门框总成；8-地板总成；9-后围板

2. 车门

轿车车门通常由门外板、门内板、窗框(有的车上还装有三角窗)等组成,如图 1-4 所示。

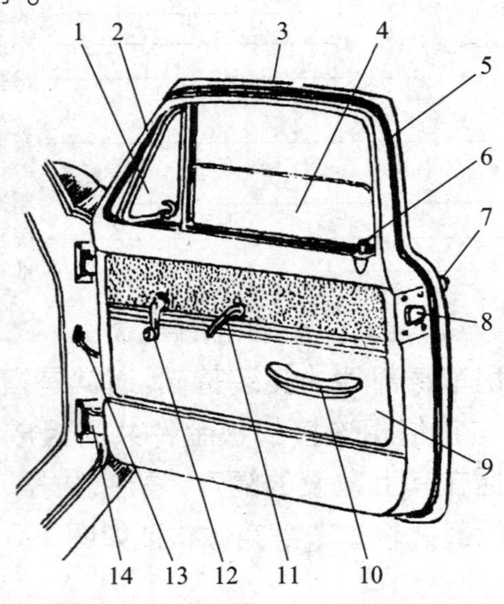

图 1-4　车门及其附件结构图

1-三角窗;2-门内板;3-门外板;4-升降玻璃;5-密封条;6-内部锁按钮;7-门锁外手柄;8-门锁;9-车门内护板;10-拉手;11-门锁内手柄;12-玻璃升降器手柄;13-车门开度限位带;14-门铰链

3. 天窗

因汽车内室的空气状况会直接影响到乘员的舒适度与身体健康,汽车上加装活动天窗有利于车厢内通风换气。轿车天窗结构如图 1-5 所示。

汽车天窗按开启动力的不同可分为手动式和电动式,按结构形式可分为内藏式、外滑式、外倾式和敞篷式等。手动天窗主要有外倾式和敞篷式,结构比较简单,价格便宜,便于安装。电动天窗主要有内藏式、外倾式和外滑式,操作方便,价格较贵,安装时由于要布线,安装难度较大。

4. 座椅

轿车座椅的典型结构为复合型结构,由骨架、填充层、钢丝网和表皮组成。轿车座椅按使用功能不同,可分为驾驶人座椅、乘客座椅、儿童座椅。轿车前座椅总成如图 1-6 所示。

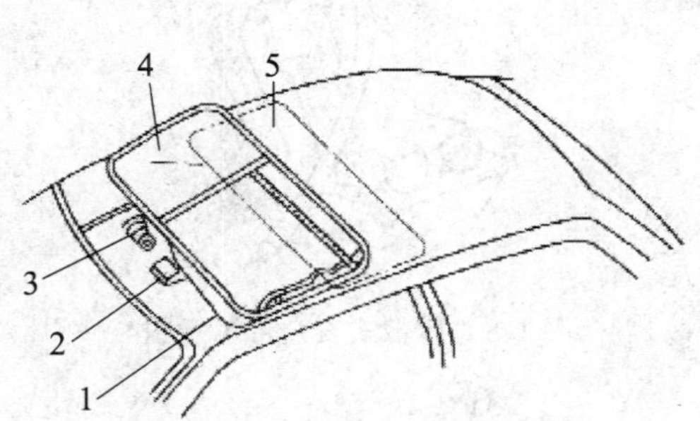

图 1-5　轿车天窗结构图

1-滑动螺杆;2-电子控制单元(ECU);3-电动机及传动齿轮;4-天窗玻璃;5-遮阳板

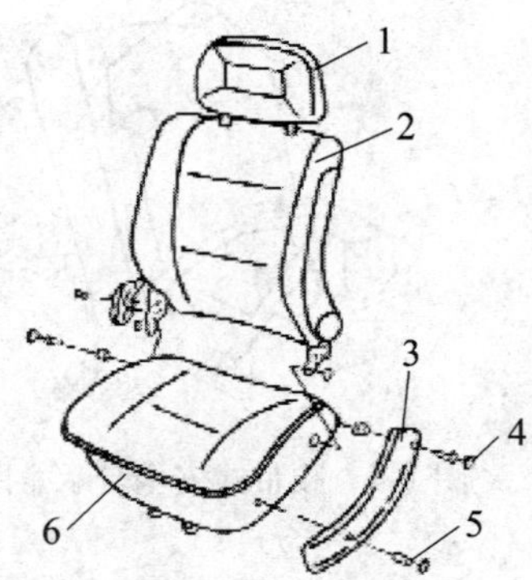

图 1-6　轿车前座椅总成

1-靠枕总成;2-靠背总成;3-罩板总成;4-螺钉罩盖;5-螺钉;6-坐垫总成

汽车座椅的结构和尺寸主要是从满足乘坐舒适性角度来确定的,其高度要保证双脚能自如地踩在地板上,双腿能自如地前伸后屈。检查中发现座椅损坏或需要调整,或为座椅配置坐垫时都必须根据其原有结构,不能随意增减材料或改变其结构。

5. 汽车安全带

汽车的安全性可分为主动安全和被动安全,安全带是主要的被动安全装置。安全带主要由织带、卷收器和带扣等部件组成。织带是构成安全带的主体,通常由尼龙、聚酰胺、聚酯的合成纤维原丝织成。卷收器是座椅安全带总成中储存织带的装置,其作用是储存织带和锁止织带。带扣是将乘员束缚在座椅安全带总成内的连接件。

安全带按固定方式不同,可分为两点式、三点式、四点式和自由式等几种。两点式安全带又可分为腰带式和肩带式两种,如图 1-7 和图 1-8 所示。三点式安全带在靠近肩部的车体上有一个固定点,是目前使用最普遍的一种安全带,按照腰带和肩带结合方式的不同,又可分为 A 型和 B 型两种,如图 1-9、图 1-10 所示。四点式安全带如图 1-11 所示。

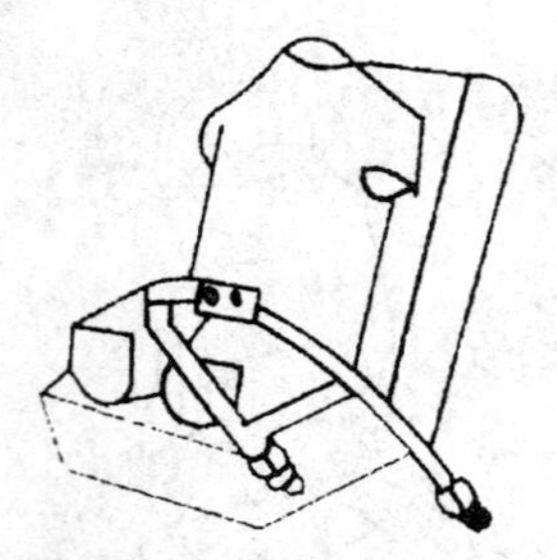

图1-7　腰带式安全带示意图

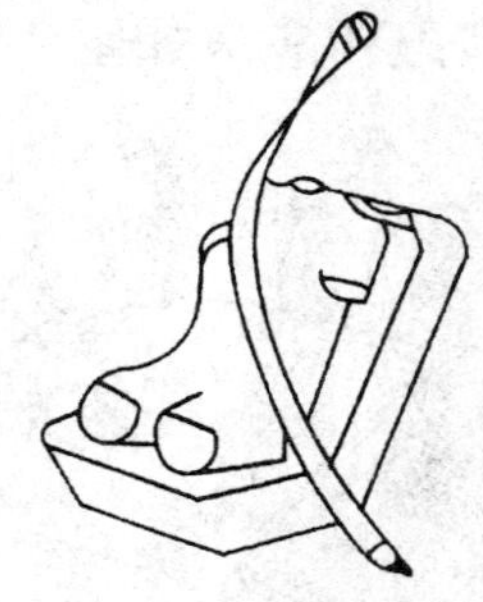

图1-8　肩带式安全带示意图

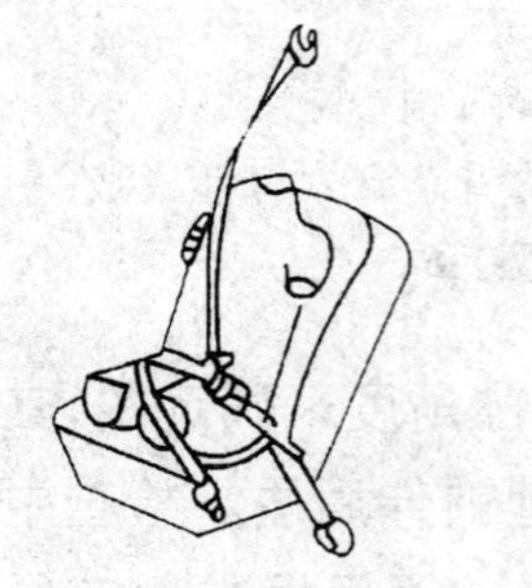

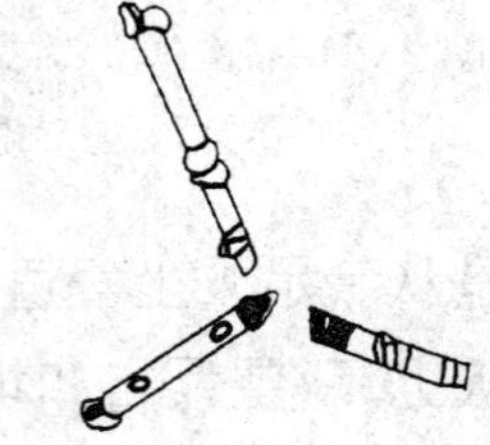

图1-9　A型三点式安全带示意图

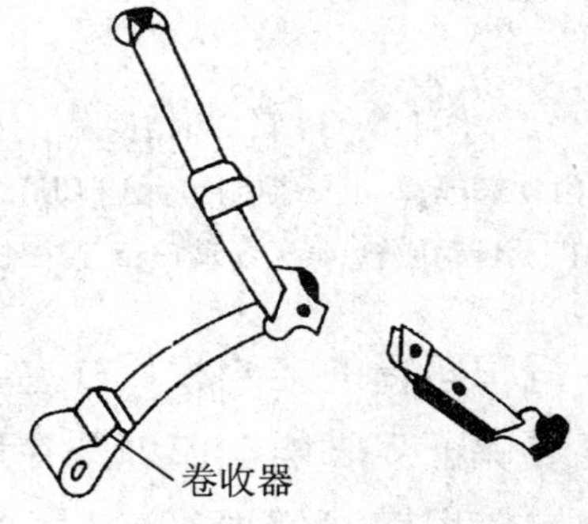

图1-10　B型三点式安全带示意图

6. 汽车保险杠

汽车保险杠按照安装位置的不同可分为前保险杠、后保险杠和车门侧保险杠。汽车保险杠按所采用的材料不同又可分为金属保险杠和塑料保险杠。早期汽车前后保险杠是以金属材料为主,目前轿车的前后保险杠多采用塑料保险杠。塑料保险杠具有一定的强度、刚性和装饰性,在汽车发生碰撞时能起到缓冲作用,保护前后车体,同时可以很自然地与车体结合在一起,对装饰轿车外形起到重要作用。

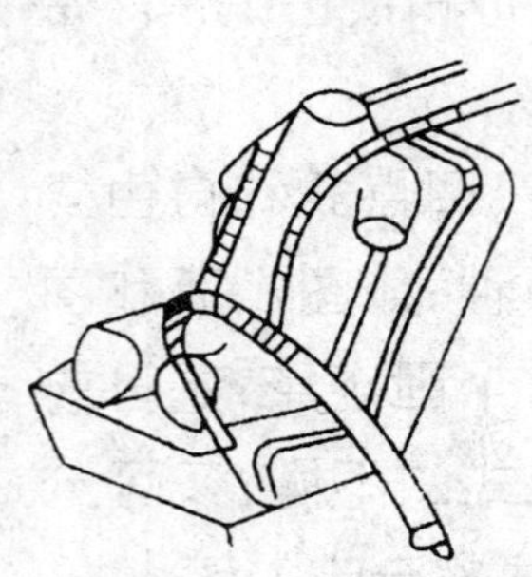

图1-11　四点式安全带示意图

7. 汽车轮胎

汽车上广泛采用充气轮胎,充气轮胎具有不同的分类方法。

(1)按用途分。可分为轿车轮胎、载货汽车轮胎、摩托车轮胎和特种车辆及工程机械用轮胎等。

(2)按胎面花纹分。可分为普通花纹轮胎、越野花纹轮胎和混合花纹轮胎,如图1-12所示。普通花纹细而浅,适用于比较好的路面;越野花纹凹部深而且粗,越野能力强,适用于矿山、建筑工地等路面情况;混合花纹介于普通花纹和越野花纹之间,适用于在城市、乡村之间路面行驶的汽车。

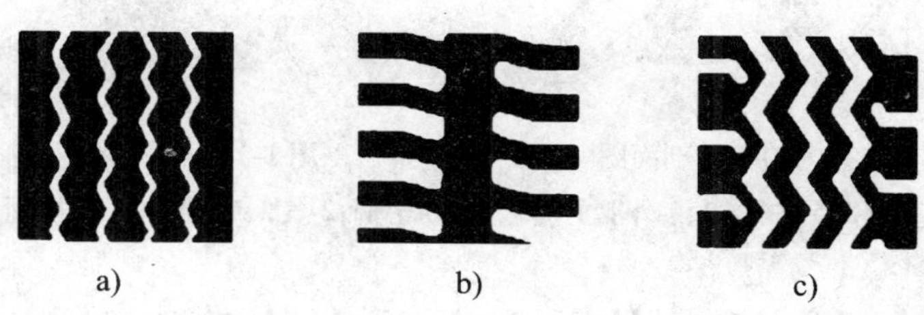

图1-12　轮胎花纹

a)普通花纹;b)越野花纹;c)混合花纹

(3)按胎内气压大小分。可分为高压轮胎、低压轮胎、超低压轮胎。高压轮胎气压为490~686kPa,低压轮胎气压为196~490kPa,超低压轮胎气压为196kPa以下。

(4)按轮胎组成分。可分为有内胎轮胎和无内胎轮胎,图1-13所示为有内胎轮胎剖面图。无内胎轮胎则没有内胎,空气直接压入外胎中,在轮胎内壁上附加了一层厚度为2~3mm的专门用来密封气体的橡胶密封层,当轮胎穿孔后,能长期不漏气,即使将穿刺物拔出,也能暂时保持胎内气压。

轮辋又称轮盘,如图1-14所示。是车轮上安装轮胎的零件,分为钢质轮辋和铝合金轮辋两种,前者用于载货汽车和普通轿车,后者一般用于中、高级轿车。铝合金轮辋具有散热快、质量小、舒适性好、外观漂亮等优点。

8. 汽车灯具

汽车灯具按用途分类有:前照灯、雾灯、小灯、牌照灯、制动灯、转向灯、倒车灯、顶灯、阅读灯等。前照灯的照明效果直接影响着夜间的行车安全,为追求更好的夜间照明效果,常常会对汽车前照灯进行增亮改装。

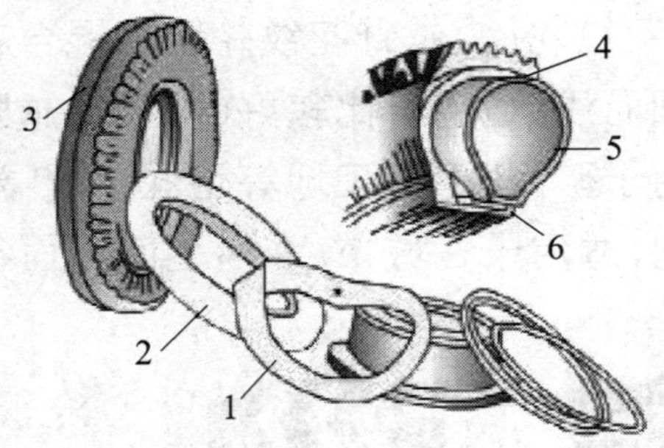

图1-13　有内胎轮胎剖面图

1、6-垫带;2、5-内胎;3、4-外胎

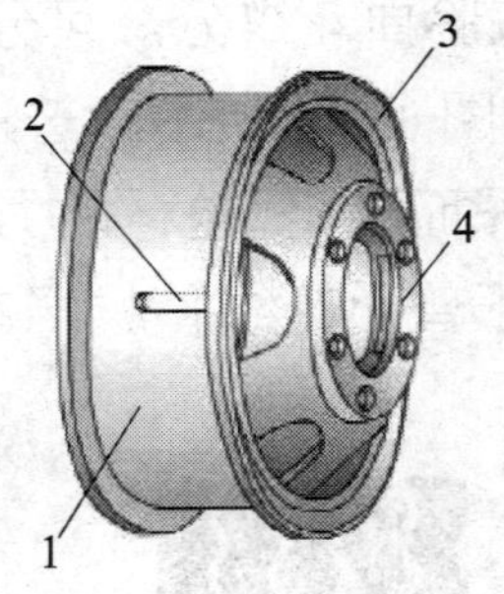

图1-14　轮辋示意图

1-轮辋;2-气门嘴伸出口;3-挡圈;4-辐板

第二节　汽车美容基础知识

汽车制造业的发展对石油化工、汽车销售、汽车维修、汽车美容、驾驶人培训、餐饮及旅游等相关配套行业的发展有不同程度的拉动作用。一些发达国家的统计数据显示,汽车销售商的利润来源中,汽车销售占10%,售后服务占50%,零部件销售占10%,二手车经营占20%,其他收入占10%。

所谓汽车美容,是指由专业人员使用专门技术,有针对性地采用养护用品和护理工艺对汽车有关部位进行科学维护,以保持其应有的功能与光彩,并有效延长其使用寿命。汽车美容主要能起到保护汽车、装饰汽车和美化环境三个作用。

一 汽车美容分类

1. 按汽车的服务部位分

按汽车的服务部位,汽车美容可分为:车身美容、内饰美容和漆面美容。

(1)车身美容。车身美容服务项目包括高压洗车,去除沥青、焦油等污物,上蜡增艳与镜面处理,新车开蜡,轮辋、轮胎、保险杠翻新与底盘防腐涂胶处理,车身的外部装饰等。车身的外部装饰包括对汽车顶盖、车窗、车身周围及车轮等部位进行装饰。

(2)内饰美容。内饰美容服务项目可分为车室美容、发动机美容及行李舱清洁等项目。

(3)漆面美容。漆面美容服务项目可分为氧化膜、飞漆、酸雨处理，漆面深浅划痕处理，漆面部分板面破损处理及整车喷漆等。

2. 按汽车的实际美容程度分

按汽车的实际美容程度，汽车美容可分为一般汽车美容、汽车修复美容、专业汽车美容。

(1)一般汽车美容。一般汽车美容是指对汽车漆面和室内表面进行美容护理，其中包括对汽车外表漆面、总成表面和内饰物表面进行清洗除污，对汽车漆面上光、抛光、研磨及对新车开蜡等作业，以增加车身表面的光亮度，起到粗浅的"美容"作用。

(2)汽车修复美容。汽车修复美容是对车身漆膜有损伤的部位和内饰物出现破损的部位进行恢复性作业，其中包括对涂膜表面的病态、损伤和内饰物的破损进行修补处理等作业内容。汽车修复美容一般先进行漆膜修复，然后再进行美容。

(3)专业汽车美容。专业汽车美容，不仅仅包括对汽车的清洗、打蜡，更主要的是根据汽车实际需要进行维护。包括对汽车护理用品的正确选择与使用、汽车漆膜的护理、汽车装饰等内容。专业汽车美容是通过先进的设备和数百种用品，经过几十道工序，从车身、内饰、发动机、轮辋、轮胎、底盘、保险杠、油路、电路、空调系统、冷却系统、进排气系统等各部位进行彻底的清洗、养护，使旧车变新并保持长久，使整车焕然一新。

二　常见的汽车美容作业项目

常见的汽车美容作业有以下项目。

1. 车身清洗

车身清洗是采用专用设备和清洗剂，对汽车车身及其附属部件进行清洁处理,及时清除汽车表面的尘土、沥青、油污、焦油、酸雨痕迹等污染物,以保持车体表面清洁,防止车身漆面及其他部件受到腐蚀和损害,使之保持或再现原有车貌的最基本美容工序。

车身清洗从作业内容上划分,有新车开蜡清洗、车身除蜡清洗、车身静电去除清洗、车身交通膜去除清洗、车身增艳清洗等。

车身清洗从使用介质上划分,有用水洗车和无水洗车。用水洗车方式从用水量上来划分,有水冲淋洗车和微水洗车,常见的微水洗车又有蒸汽洗车、汽水混合洗车等。而无水洗车则是以化学药物替代清水来对汽车进行清洗。

车身清洗从使用工具上划分,有手工洗车、小型清洗机洗车、半自动洗车设备洗车和大型全自动清洗设备洗车等。

2. 车身上蜡或封釉

上蜡或封釉是在汽车漆面上涂上一层蜡或釉,在漆面外表形成一层蜡(釉)膜,当蜡(釉)膜受到污染后,可以重新进行上蜡或封釉处理,不会伤及原车漆面,从而起到保护漆面的作用。车蜡同时能给车身以光彩亮丽的视觉效果,好的车蜡还具有防紫外线、防酸雨、抗高温及防静电等功能。

3. 漆面处理

漆面处理是指对损伤漆面进行美容修复。汽车经常受到风吹日晒,漆面会逐渐变色和粗糙,以致失去原有的光泽。再加上平时刮擦造成的划痕及破损,往往需要使用专用设备和用品对汽车的漆面进行必要的处理。

漆面处理的主要项目有:太阳纹处理、腮纹处理、氧化褪色处理、飞漆处理、漆面垂流处理、漆面橘皮现象处理、漆面深浅划痕处理、局部刮伤处理、露底漆快速修复处理、全车漆面还原处理、全车漆面超亮处理、漆面封釉处理和整车喷涂等。

4. 新车开蜡

新车开蜡是指去除出厂新车车身外表的蜡膜。

5. 贴膜

贴膜是指在汽车玻璃上粘贴一层车膜。夏天紫外线辐射强烈，贴膜后可有效降低车内温度，减少因空调长时间工作而产生的油耗，同时还可防止车内各种设备在强光的照射下而产生老化变质的现象。

6. 内饰美容

内饰美容是指汽车在使用一段时间后，对汽车内饰进行清洁护理，并在除尘、清洁的同时，进行必要的上光保护、翻新修补、杀菌及空气净化等。汽车内饰美容的主要内容有：顶篷除污、地毯清洁养护、脚垫清洗、丝绒及真皮座椅清洁养护、仪表台清洁养护、转向盘清洁养护、音响区清洁养护、空调风口除臭、车门内饰吸尘清洁保护、蒸汽（化学）杀菌消毒、全车内室异味消除、全车电路系统清洁防潮养护、行李舱清洁养护等。

7. 轮胎翻新

轮胎翻新是在对汽车轮胎进行清洗后，使用特制的轮胎增黑剂喷施于轮胎的表面，使药剂迅速渗透到橡胶内部，从而起到分解有害物质、延缓轮胎老化并使其增黑增亮的作用。

8. 发动机美容

发动机美容就是采用专业美容清洁用品对发动机进行清洗，以有效延长其使用寿命的一种操作工艺。发动机美容的主要内容有：发动机冲洗清洁、发动机免拆清洗等。

9. 底盘封塑

底盘封塑是指对汽车底盘上喷涂一层防污染、防腐蚀的涂层。除了平时路面碎石、积水对汽车底盘所造成的损害外，中国北方有些城市在大雪过后，为消除积雪所使用的融雪剂对金属也具有较强的腐蚀性。这些都对汽车底盘造成了一定的损害，而在车辆底盘上进行封塑处理则可在一定程度上起到保护底盘免受侵蚀的作用。

10. 其他美容护理

除上述内容外，还有使用专用的护理品，对通常采用镀铬处理的部件如轮辋及轮辋罩、保险杠、装饰条等处进行翻新作业，使其再现原有光泽；使用专用的玻璃清洁剂，对全车的车窗、灯光、倒车镜等玻璃制品进行清洁养护等美容护理项目。

第三节 汽车美容装饰从业人员接待礼仪规范

一 从业人员应注重仪容仪表

客户对汽车美容装饰门店的第一印象常常来源于员工的穿着打扮和行为举止。汽车美容装饰行业的从业人员的仪容仪表应当遵循如下几个原则。

(1)服装不宜有硬质物件外露。从业人员的服装最好不要采用拉链或外露的纽扣，特别是金属纽扣的样式，以免硬物直接与汽车接触。

(2)服装不宜采用纯化纤制品。化纤制品容易产生静电，会吸附一些灰尘，还容易对一些电子元器件造成不必要的损坏。

(3)服装不能过于陈旧。服装过于陈旧，表面的纤维容易脱落，会影响到服务质量。

(4)服装的样式得体，穿着应该规范。服装的口袋不宜太多，口袋里尽量不要放太多的东西。

(5)少戴佩件与饰品。除工号牌外，一律不能佩戴戒指、手表、项链、手镯等佩件与饰品。

(6)讲究仪容卫生。头发清洁，发型大方，不得留长指甲，注意个人卫生。

(7)仪态大方。在为客户服务时，应注意始终要面带轻松友善的微笑，真诚地为他们服务。从业人员与客户交谈时，手势不宜过多，动作不宜过大，更不要手舞足蹈。

三 规范服务、有礼有节

从业人员在为客户进行服务时，首先要端正自己的思想态度和服务意识，做到不卑不亢，自尊自爱，和气生财。一定要使用敬语，多用“您好”、“请”、“谢谢”、“对不起”、“再见”等礼貌用语。当客户问话时，从业人员应热情地给予答复，千万不能因为忙于手头的工作而冷落了客户。从业人员在迎接客户时，一般应走在客户前面引路。当送别客户时，则应走在其后面，右手四指并拢，手心向上，遇到障碍或拐角时，还要不时向客户进行提示。为客户带路时的正确姿势应该是：面带微笑，身体微倾，同时使用手势和敬语，走在客户左前方，与客户保持0.8～1.2m之间的距离，并按客户的步履节奏行走，要注意不能走得太快，以免使客户感到匆忙。在为客户指示方向时，应四指并拢，手心向上，同时用亲切的语调不时向客户进行提示。

第四节　客户咨询解答技巧与服务

一 咨询接待操作实务

从业人员直接面对客户时，必须有一套共同的与客户需求相适应的操作程序，这一程序就是日常所说的服务标准。

1. 咨询接待的程序

下面以洗车服务为例，说明咨询接待的程序。

汽车进入美容店后首先应由接待员进行接待，接待员接待用语为：“欢迎您来××公司洗车。”接待员在接待时应首先围绕车辆一周检查全车漆面是否有划痕，特别当发现新划痕时，一定要及时告知客户，以取得沟通，检查出漆面需特殊处理的部位时应告知客户，客户如愿意做特殊处理，即可通知下道工序做好相应的准备。具体的客户接待程序

如下:

(1)用规范化的手势科学合理地指挥车辆进入工位。

(2)使用标准的接待用语热情接待驾驶人及车上乘客,并安排他们下车休息。

(3)按照"车顶→前风窗→发动机罩→左翼子板→中网及车灯→前保险杠→右翼子板→右前轮→右前门→右后门→右后轮→右后部→后风窗→行李舱盖→后边(保险杠、牌照及车灯)→左后部→左后门→左后轮→左前门→左前轮"的程序对车辆进行全面检查。

(4)询问客户此次前来的服务要求,并向客户提示汽车受到损伤的部分,以避免产生不必要的纠纷,并仔细回答客户的咨询。

(5)详细填写《派工单》,安排员工作业,服务项目填写清楚、明确,尽量避免客户与技师等操作工人发生误会。

(6)站在客户立场上,适时地劝说客户增加作业项目及购买系列产品。

(7)安排、管理、督促操作工人配合自己工作,做到协调有序。

(8)在具体操作过程中,特别要注意按照整个操作标准去检查车辆的清洁程度,达不到标准的立即进行补漏操作,一定要使所清洗的车辆达标出场。

(9)按标准收费并进行恰当的折扣优惠。

(10)车辆美容完成后,检查护理效果,并应尽可能满足客户需求,务必使车主满意而去。

(11)提醒客户在操作工放置于车门旁的干净旧毛巾上踩擦一下鞋底。

(12)右手拉开车门,左手扶住车门上沿,使用标准的接待用语热情地请驾驶人及乘客上车,待客户坐稳后,再关上车门。

(13)使用规范化手势合理指挥车辆离开。

(14)建立《客户登记表》并存档。

(15)及时研究客户资料,加强同客户之间的联系。

2. 注意事项

(1)选择服务项目时应充分考虑客户的消费能力。如客户经济情况不太宽裕,除了非常必要的情况外,不应再劝说他们增加其他额外的服务。

(2)应尊重消费者的决定权。不应一味向客户进行过分的推销。

(3)提供服务时应以客户的真实需要为主。在劝说客户增加服务项目时还应注意其实际的需要。

(4)避免与客户发生争执。在与客户接触的过程中,除规范使用礼貌用语外,在任何情况下都不得与客户大声争执。

二 咨询的提问艺术

提问需具有一定的艺术性,在向客户提问时应遵循以下原则:

(1)提问要因人而异。应根据对方的年龄、民族、身份、文化、素养、性格等特点进行提问。

(2)提问时机要适当。应根据问题的性质和双方当时的情绪选择良好的提问时机。例如想要纠正客户某一错误观念时,最好能待其情绪高涨时再婉转地提示。

(3)用范围较窄的问题促成一致。提问所涉及的范围越窄,给人回答的余地也越小,如果希望用问题引导对方接受自己的意见,最好用范围较窄的问题来进行提问。比如问客户"您这辆车的座套有些脏了,要不要帮您洗一下",效果肯定比问"您还要我们提供什么服务吗"要好得多。

(4)用范围较宽的问题获取信息。如果谈话的目的是想获取客户的相关信息,开放式问题会给予对方充分发挥的余地,也更有利于获取尽可能多的信息。"您对我们门店的服务有什么建议?"就比"您认为我们封釉的质量如何?"更有助于获取客户的信息。

三 咨询中的倾听技巧

每天与客户的沟通过程中,倾听占有重要的地位,倾听也是从业人员的必备素质之一。倾听过程中,倾听者必须思考、接受、理解,并做出必要的反馈,反馈要做到语义明确、心灵相通和探究查询。倾听时倾听者应避免出现用心不专、急于发言、排斥异议、心理定势、厌倦等现象。

第五节　车容维护专业知识

只有了解、掌握车容维护方面的专业知识,才能更好地为客户提供汽车护理方面的咨询服务。

一 汽车的季节维护

1. 夏季维护

夏季气温升高,汽车各部件工作的环境也更加恶劣,加之夏季又是一年当中雨水较多的季节,天气又变化无常,时而冷时而热,时而暴晒时而倾盆大雨,这对汽车的养护提出了更高的要求,轮胎、漆面、空调、车身等都是在高温季节需要重点保护的部件。

(1)夏季漆面维护。进入夏季后,由于高温及雨水的作用,对汽车漆面的损伤较大,因此,应该比平时更注意对漆面的维护。

①要防止车辆暴晒。因为普通车蜡的成分中含有一定的硅,久经紫外线照射后会锈蚀漆面,留下点点黑斑。贴上防爆膜,可以有效阻隔一部分热辐射,减少进入到车内的热量。

②要注意经常清洗。有些车辆停放在树阴下,树上的鸟粪、树脂或昆虫的尸体等掉落到车身上后会黏结在漆面上,有机物中的酸性物质或沥青干燥变质后都会对漆面造成损害,漆面也会因受到腐蚀而变色。

③注意漆面护理。由于汽车漆面在夏天会受到强烈阳光的侵袭,还有风沙、酸碱雨水、有害气体的侵蚀,漆面因缺少油分而干枯老化,变得

暗淡甚至粗糙。

(2)夏季轮胎维护。夏天气温高，轮胎橡胶易软化，严重时会出现爆胎现象，在行车中要随时检查轮胎气压。既要防止气压过高，也要避免缺气行驶。夏季雨水较多，对轮辋等处的电镀部分要及时除锈、清洁。

2. 雨季维护

雨季时空气中的湿度特别大，很多东西都会因潮湿而发霉。雨季时对汽车的维护应当做好如下几项工作：

(1)给汽车打蜡封釉，做好漆面保护。由于雨季空气中的湿度大，空气中的酸性成分对汽车的漆面具有较强的腐蚀作用。为防止酸性的潮气对漆面造成的损害，最简单易行的办法就是给汽车打上一层蜡，要想取得更为长久的效果则是对汽车进行封釉美容。

(2)涂层损伤要及时修复。在使用了一段时间后，由于种种原因，有些汽车的底部及其他一些区域的涂层和保护层会局部损伤，此时如再将车辆开在雨水中，就很可能造成锈蚀。一旦发现车辆底部和外部的涂层有损坏时，一定要及时进行修补。

(3)底盘防锈处理。当汽车在泥泞路面行驶后，一定要及时进行清洗。在清洗时要仔细检查和洁净车门以及车身底部的排水孔，特别是要及时清洗车辆下侧的空隙处，以彻底消除潮气的藏匿之处。

(4)晴天多晒太阳，勤通风换气。晴天打开车门及车窗，让室内空气对流一番，被晒热的车身很快就会排除内部淤积的水汽。此外，阳光中的紫外线还具有消毒杀菌的功能。

(5)行李舱内要注意除湿。在行李舱内放个小型的除湿盒，可保持行李舱干燥。

(6)经常进行车内消毒。雨季最好能使用臭氧发生器进行臭氧消毒。臭氧发生器除了能杀灭车内的多种病毒外，还可一并除去异味。

(7)做好门窗、天窗维护。在雨季到来时，会降低天窗的密封性，从而引起漏水现象。此时只需打开天窗，用软布和棕毛刷仔细清理一下框架里的砂土，就可以避免因被砂粒卡住而引起的漏水。

(8)尽量避免在积水中行驶。雨天汽车应尽量避免在积水中行驶,以免污水溅入车辆发动机罩内的电气部分,使该部分因漏电而导致发动机熄火。如果车辆在积水中行驶,一旦发生发动机熄火情况时,切忌立即起动发动机,以免将水吸入发动机内而造成损坏。

(9)每隔一段时间运行空调。最好能每隔2~3周使空调工作几分钟,以使该系统保持良好的工作状态,同时也利于驱除车厢内的潮气。

3. 冬季维护

气温过低也容易对汽车各部件造成一定的伤害,故在入冬之前要注意做好汽车维护。

(1)车身维护。入冬前,最好能给车身上一层质量较高的保护层,如车蜡或镜面釉等,以抵御酸雨、雪、盐水的侵蚀。冬季时对车进行冲洗后应及时打开车门并擦干水迹,防止门缝处残水结冰,冻住车门。

(2)防起动困难。冷起动困难的主要原因是发动机温度太低,所以冬季停车时要注意车头的方向,最好让车头对着建筑物,利用建筑物来挡住寒风,防止发动机被寒风吹袭而过冷。

(3)风窗玻璃维护。平时,可在风窗玻璃内侧涂擦一些防雾剂,以防止玻璃起雾。

(4)刮水器维护。入冬后应经常检查刮水器,及时更换防冻玻璃清洗液和已经老化的刮水器刮水片。

(5)天窗维护。冬季行车时车内温度较高,致使天窗周围冰雪融化,隔夜停放后易使天窗玻璃与密封胶框冻住,次日再次行车前如强行打开天窗,使天窗电动机及橡胶密封条损坏。所以冬天的早晨要等车内温度上升,并确认解冻后再打开天窗。洗车后应及时擦净水迹,车辆在行驶过程中天窗边缘残留水分也会被冻住,所以洗车后应打开天窗,擦干周围的水分。

(6)轮胎维护。冬季要经常检查汽车轮胎有无破裂、失衡或胎纹严重磨损的现象,如有裂痕,须及时修补或更换。有条件的,还可更换冬季防滑轮胎或准备好防滑链。同时要经常检查轮胎的气压。

(7)底盘维护。每年入冬前最好对底盘做一次封塑处理。做完封塑处理后的底盘不挂水，能有效杜绝雨雪的侵蚀。

(8)车灯检查。入冬前应对车灯做一次全面检查，检查所有照明灯及转向灯、紧急警报灯等汽车灯具是否能够正常工作。

二 汽车维护注意事项

要使汽车保持良好的性能，延长汽车的使用寿命，必须学会汽车的科学维护方法。汽车维护的注意事项如下。

1. 不要用普通的掸子拂拭车身

拂拭前后风窗玻璃和漆面的灰尘时，必须使用具有良好藏尘藏土性能的汽车专用掸子。因为普通掸子经过反复使用，里面往往会夹带大量的砂尘，每天使用同一把掸子拂拭汽车，就如同用砂纸不断在漆面上磨蹭，会在漆面上制造出许多细微的划痕。

2. 防止过分擦拭发动机罩

发动机罩比车顶板和行李舱盖的位置低，擦拭时刚好能让人使上全身力气，造成了发动机罩漆面过度磨损。

3. 车门内部不能有积水

在汽车轮弧内外缘、车门和行李舱的底部、边角等处容易积水的地方，经常会积水，时间一长，就会产生锈蚀。有时，如果遇到车门下缘的排水口堵塞或不够顺畅，下雨和洗车时渗入的水分也很容易长期积留在车门内部。一段时间以后，就会由内向外开始生锈，等到发现时，就很难处理了。因此要注意经常去除车门内部的积水，以保持这些部位的干燥。

4. 防静电

汽车静电不但会给驾驶人和乘员带来不便，而且还可能引发意外事故。因此，汽车静电的防止也是汽车维护中的一个重要问题。

(1)使用防静电车蜡。车蜡虽有一定的防静电作用，但不同种类车蜡的防静电能力也有所不同，最好能采用专用的防静电车蜡，对防止静电具有较为明显的效果。

(2)使用静电放电器。静电放电器包括两种类型,一种是空气静电放电器,另一种是搭链式放电器,最好能将这两种放电器组合使用。实践表明,单一类型放电器的放电效果都无法与组合放电相媲美。

(3)注意内饰纤维制品的配置。纤维织物的摩擦是汽车静电的主要来源之一,特别是化纤类产品,更易因摩擦而产生静电,因此在选择座椅套、坐垫及脚垫等用品时,最好能使用真皮、毛料或纯棉制品,以减少静电的产生。

5. 不要给室外停放的汽车罩上车衣

室外停放的汽车罩了车衣后,一旦遇上刮风下雨的天气,当风雨吹打在车衣外部时,车衣的内层也会随之反复抽打车体。由于车衣内层难免粘有一些灰尘或砂土,这样就会在车身上划出无数道细小的划痕,而且这些遍布全车的划痕,仅靠一般的清洗或打蜡很难完全去除。

第二章 车貌检查

第一节 汽车外部漆面的检查

一 汽车漆面的作用

汽车表面都需经过涂装而形成一层特殊的表面层，表层虽然很薄，但它的作用却非常重要。在一般情况下，汽车表面有90%以上是涂装面。

1. 汽车表面涂层的作用

(1)保护作用。通过各种不同的工艺将涂料牢固地附着在物体表面，形成一层覆盖层，把物体表面与空气、水分、日光及其他腐蚀性物质隔离，起到保护汽车表面、防止腐蚀的作用，从而延长汽车使用寿命。

(2)装饰作用。五颜六色的涂料涂装在汽车表面，形成色彩鲜艳、光亮平滑的美丽外观，给人以赏心悦目的感觉。

(3)标志作用。涂料具有色彩鲜明、保持性好、涂装方便等特点，是作为识别、指令、指示、警告等标志的重要材料。如执行紧急特殊任务的工程抢险、救护、消防、警车等都是用不同颜色显示出不同信号向其他车辆发出警告。

(4)特殊作用。为满足各种特殊需要，专用涂料应运而生。它可起到伪装、隔热、隔声、导电、防振、防燃烧等特殊作用，为各种特定环境条件使用的产品提供了可靠的表面保护层，增强了产品的使用性能，扩大了使用范围。

2. 汽车涂层的基本结构

汽车涂层一般有底漆、中涂层和面漆层3层组成。涂层的厚度一般被控制在 100μm 左右。

(1) 底漆。底漆是直接涂布在经过表面处理的车身表面的基础涂料。可起到防止金属表面的氧化腐蚀,增强金属表面与腻子、腻子与面漆之间的附着力。

(2) 中涂层。中涂层是介于底漆与面漆之间的涂层。可提高被涂物表面的平整和光滑度,封闭底漆层的缺陷,提高装饰性,增加涂层厚度,提高耐水性。中涂层材料应与底漆、面漆配套良好,涂层间的结合力强,硬度配套适中,不被面漆的溶剂所咬起。

(3) 面漆。汽车面漆分两类,即本色漆和金属漆。面漆不但要有优良的装饰性,使涂膜色彩鲜艳、光亮丰满,而且还需要有良好的保护性。品质优良的涂膜须具有耐候、耐水、耐油、耐磨、耐化学腐蚀等性能。因此,在选用汽车用面漆时应从如下七方面来考虑。

①外观。在符合生产条件的涂膜厚度与烘干情况下鉴定光泽、橘皮程度、丰满度、色差、鲜映性、影像的清晰度和其他涂膜外观,以保证汽车车身具有高质量的协调和外形。

②硬度和抗崩裂性。面漆涂膜应坚硬耐磨,具有足够的硬度和抗擦伤性,以保证涂膜在汽车行驶中受到路面沙石的冲击和摩擦时不产生划痕。

③耐候性。要求汽车用面漆涂膜在热带地区在不少于 12 个月的长期暴晒后,只允许有轻微的失光和变色,不得有起泡、开裂和锈点。

④耐潮湿性和防腐蚀性。涂过面漆的样板或工件在湿热条件下(如温度 40℃ ±2℃,相对湿度 >90%),面漆层应不起泡、不变色或不失光。对面漆层的防腐蚀性要求虽没有像对底漆层那样高,但与底漆层组合后,应能增强整个涂层的防腐蚀性。

⑤耐环境污染。面漆涂膜在使用过程中,与蓄电池电解液、机油和制动液、汽油和各种清洗剂、路面沥青及酸雨、虫鸟粪等直接接触,擦净后接触面不应变色或失光,也不应产生斑印。

⑥施工性能。在大量流水线生产中,面漆的涂布方法采用自动喷涂

和静电喷涂，并普遍采用“湿碰湿”工艺，烘干温度一般为120～140℃，烘干时间一般为20～30min。所选用的面漆对上述施工工艺应有良好的适应性。在装饰性要求高的场合，面漆涂膜应具有优良的抛光性能。

⑦耐温变性、抗寒性。对在寒冷地区使用的汽车面漆涂膜应充分考虑到这一点，骤冷骤热的温变会使面漆层变得容易开裂，尤其是在面漆较厚、采用热塑性面漆及刚刚涂装完的情况下更易开裂。

3. 汽车涂料的组成

汽车面漆主要由汽车涂料用特定工艺喷涂到车身表面形成的。汽车涂料一般由颜料、溶剂、成膜物质、添加剂四种基本成分组成。颜料是涂料中的不挥发物质之一，它赋予面漆色彩和耐久性，起美观装饰作用。溶剂是涂料中的“挥发”成分，它的主要功能是能够充分溶解涂料中的树脂，使涂料呈液态，便于在物面上的正常涂布。成膜物质是涂料的主体部分，其作用是使颜料保持明亮状态，使之坚固耐久并能黏附在物体表面，是决定涂料类型的物质。添加剂有能加速干燥并增强光泽的加速剂、有减缓干燥速度的缓凝剂、有能减弱光泽的消光剂等，有些添加剂起的是综合作用，能减少起皱、加速干燥、防止发白、提高对化学物质的耐受能力等。

4. 车身表面涂料的类型

根据涂料的干燥形式，可分为：常温空气干燥型、溶剂挥发型、烘烤干燥型、双组分固化干燥型。

(1)常温空气干燥型。这类涂料的干燥主要是在常温空气下，依靠自身的氧化和聚合反应而形成坚硬的涂膜。包括油脂漆、天然树脂漆、酚醛树脂漆、沥青漆、醇酸树脂漆。

(2)溶剂挥发型。此类涂料主要是依靠溶剂的挥发而干燥成膜，而涂料自身不会发生化学变化。包括硝基漆、过氯乙烯漆、乙烯树脂漆、纤维素漆、丙烯酸漆。

(3)烘烤干燥型。这类涂料的干燥是靠成膜物质在高温作用下起交联反应而固化成膜。包括氨基树脂漆、热固性丙烯酸漆、热固性环氧漆等。

(4)双组分固化型。双组分固化涂料的干燥,是靠固化剂的活性成分引起成膜物质中分子交联而固化成膜。一般以常温干燥为主,也可低温(60~70℃)烘烤固化成膜。

二 汽车漆面的检查方法

汽车漆面在日常使用中总是不断地遭受环境污染的侵袭,沥青、树粘胶、石灰、水泥、鸟粪等黏附于汽车漆面上,时间久了会使汽车漆面失光。阳光中紫外线的长期照射,风沙的侵袭、雨雪的腐蚀、或者人为损坏等都会伤害漆膜,使漆面出现失光、划痕、斑点、龟裂等损伤。

1. 漆面氧化损伤的检查

漆面无明显划痕,用放大镜观察漆面斑点较小,这类失光原因大多是氧化还原反应所致。如以肉眼观察可以看到此时受损部位的漆面发乌、发白、无光泽。如当时肉眼还观察不出有明显的异常,则可以用一些还原剂涂在车上,涂过的地方看上去像新漆,未涂的地方马上就会呈现出明显的不同了。

2. 漆面褪色损伤的检查

大气层中的油烟和污染物是造成漆面褪色、变色的主要原因,特别是在工业区和大城市里。褪色、变色现象一般都发生在车身的发动机罩、车顶和行李舱盖,这种褪色与氧化有明显的区别。氧化时,漆面发乌、发白而褪色,漆面会出现不均匀的色差。金属漆的褪色是由于受污染的尘埃和雨水中的酸、碱等对金属漆中铝箔的腐蚀所引起的,本色漆则是由于漆中的颜料与上述污染物发生化学反应而导致颜色上的改变,此时就会出现蚀痕。

3. 漆面龟裂损伤的检查

金属漆在受损后可能会产生一种非常细微的裂纹,它会不断地渗透车漆,直至"击穿"整个色漆层,这种现象称为龟裂,一般发生在金属漆上。龟裂初期肉眼很难发现,当用肉眼能觉察到龟裂时说明受损已经比较严重了。特别当上完蜡后可以发现，车身会产生条纹状的现象，这是由于裂缝中存有车蜡。重新喷涂的金属漆也有可能产生龟裂，这是由于喷涂的质量不佳而产生的问题，此时车漆中的树脂会因“萎缩”而产生龟裂。

4. 漆面水痕损伤的检查

几乎各种漆面都会产生水痕病。水痕纹通常呈环状，是由水滴蒸发后留下的痕迹，水痕中残留的化学物质在车体阳光下会继续与车身漆面发生化学反应，从而加重对漆面的损坏。此外，漆面受到氧化的车、常用洗涤剂进行清洗的车及有龟裂的车更容易产生水痕。因为这些车的漆面本身已很脆弱，故连一般性的水滴蒸发也会在漆面造成水痕纹。但对质量较好的漆面而言，如果水珠中的酸、碱含量不高，则不容易产生水痕损伤。

5. 漆面蚀痕损伤的检查

水痕是发生在水珠周边的一圈，呈环形，又称环状腐蚀。蚀痕是由整个水迹连成的一片，而不是一圈。此外，鸟粪、昆虫、树叶、焦油、沥青等都有可能引起蚀痕。如果这些物质在车体表面残留的时间过长，就会与车身漆面产生化学反应，并开始渗透，且它们的渗透速度比水痕要快得多。

6. 漆面老化损伤的处理方法

一般情况下，漆面老化损伤后根据其受损程度，可以采取如下方法进行处理。

(1)对较轻微的漆面失光，在汽车美容作业中常采用特殊处理工艺与方法，再配合专门的护理品，可以有效地去除失光，再现漆面亮丽风采。

(2)对漆面的浅划痕，在汽车美容作业中一般采用抛光研磨的方法清除。

(3)对漆面上面积较大的划痕，大多采用以喷涂为主的方法来完成。

(4)当汽车漆面出现划伤、破损及严重腐蚀失光等现象时,采用喷涂工艺来恢复汽车漆面。喷涂是汽车美容作业中要求最为严格、技术含量最高的施工项目。

第二节　汽车内部检查

化纤、皮革、塑料及橡胶制品等汽车内部饰件在使用过程中还是会受到各种不同程度的污染和腐蚀,塑料件和橡胶制品在风吹日晒的情况下因氧化龟裂而失去光泽;皮革件易出现老化、磨损、褪色;纤维制品易受到尘埃脏物污染及氧化褪色而影响汽车的舒适和美观,乃至缩短其使用寿命。因此,每隔一定时间就需对汽车内部饰件进行检查和护理。

一 车内篷壁的检查

车内篷壁主要为汽车顶衬及里子板等部分。车内篷壁检查的重点主要为污渍及磨损,特别对于一些乘员比较容易接触的部位更应重点查看。驾驶室内壁的原始颜色是生产厂商在设计时经反复论证、充分优选后才确定下来的,在美容装饰过程中不应随意改变它。

二 仪表台及空调出风口的检查

在汽车驾驶室的仪表台上装有各种指示仪表及各种报警装置。仪表台、空调控制面板等一般为塑胶材料制成,在检查时首先应查看有无裂缝、变形,特别对于一些污渍较重之处、拐角及接缝之处更应仔细进行观察。如有损坏,应事先提醒客户,以免引起不必要的纠纷。其次,在检查时必须要看清污渍的成分,这样才能在清洗时做到对症下药。

三 座椅的检查

1. 座椅的检查

座椅及坐垫检查时,首先也应仔细查看有无损坏,同时了解污渍的类型、区分座椅及坐垫的制作材料，以便清洁时采用相应的清洁材料和护理材料。由于真皮座椅的易清洁性和散热性都优于人造革座椅和绒布座椅，因此，许多车主都将牛皮制品作为装饰自己汽车的首选。牛皮可进行多层分割，最外层的为头层皮，质量最好，次之为二层皮，其强度、弹性和透气性都不如头层皮。汽车座套必须选用头层皮。

头枕除了能给乘员带来舒适感外，还具有安全装置的功能。为了减少交通事故中因撞击而造成的头颈伤的发生，头枕应该安装在至少与耳朵上沿平行的地方或者乘员头下8.8～9cm的地方，后脑与头枕之间的间距越小越好，最好不要超过16cm。

2. 真皮的鉴别

鉴别皮革要从皮的气味、密度、耐光性、耐迁移性、耐摩擦性等方面来判断。由于多数从业人员不具有这方面的专业知识，可用简单的如按压法、燃烧法、断面形状法、延展性法进行真皮座椅的鉴别。

(1)按压法。先用眼睛看其皮面和皮纹。头层皮皮面光滑，皮纹细致，色泽光亮且没有反光感，厚度在1.0～1.2mm且厚薄均匀。如果皮纹不明显，只是异常光滑，则说明皮子在加工过程中进行了磨面处理，或是用二层牛皮喷上颜色后压出皮纹制成。接着用手摸皮面，质量好的头层皮摸起来手感好，柔软、舒适、滑爽而且富有弹性，若皮面板硬或发黏均为劣质皮。最后伸出食指，按压座椅表面(压住不要放手)，若是有许多细微的线条从手指按压的圆心伸展开去，那么这就是真皮座椅。如果压下去以后，皮椅表面并没有细微纹路出现，则表示其不是真皮制品。

(2)燃烧法。合成皮虽然也是皮，但在加工过程中，会添加一些胶类化学物质，烧后会有一些焦状物，真皮则没有。

(3)断面形状法。看切割处断面形状。真皮断面为规则纤维状，指甲抠其断面时，会出现膨胀变厚现象。假皮断面是有规则的纺布纤维，比较死板。

(4)延展性法。即用两只手拿起皮子的对角，然后稍用力向两边拉，察看其延展性。好的牛皮拉起来变形不大，牢靠度较好、富有弹性。

若延展性较大,则说明不是真皮,因为真皮的韧性不及人造革。当拉开后,若皮面出现缝痕或露出浅白底色,则说明皮子的弹性及染色工艺不过关,质量较差。

四 桃木装饰的检查

桃木装饰是将桃木或仿桃木材料镶嵌在仪表台、中控板、变速杆头、门扶手、转向盘等部件外表面的一种装饰。目前桃木或仿桃木内饰非常流行,它体现了轿车装饰的高档化。轿车内饰木质材料一般是指胡桃木和花梨木,现在大多采用胡桃木。由于胡桃木具有纹理优美、坚韧、不会变形等优点,所以成为中高档轿车制作内饰的首选材料。仿桃木材料早在20世纪70年代就已经出现,这是一种塑料制品,一般多用ABS(丙烯腈丁二烯苯乙烯)、PVC(聚氯乙烯)、PS(聚苯乙烯)等材料制造。目前,市场上大部分的桃木饰件需要用胶水或双面胶纸进行粘贴,其表面是一层印有木纹的软塑料或薄木片,粘贴完成后会发现大部分的圆弧位置没法贴合或很容易松脱,脱落后的胶纸或胶状物会严重影响原塑料件的外观,如此一来,不仅整体效果不如原厂原件,因外贴件有一定厚度,还会影响一些开关按钮的行程。此外,车辆在夏季露天停放,车厢内温度可达80~90℃,部分表面软塑料会因承受不了高温而脱落或发出异味。而表面桃木薄片也因没有经过特殊加工处理,无论在夏季或冬季,都容易因热胀冷缩而导致开裂。因此,在检查内饰时,一定要注意桃木装饰的质量。

五 车内常见饰品的检查

汽车装饰品是指那些从汽车造型艺术角度出发而进行结构设计的车身附件,包括实用类饰品和观赏类饰品两类。实用类饰品常见的有:汽车时钟、汽车指南针、汽车温度计、饮料及手机架、车用水杯架、眼镜架、空气清新器、转向盘套、操纵杆套、纸巾盒套、便利袋、香品。观赏类饰品按照与车体连接的形式分为挂饰、贴饰和摆饰3种。对于既有实际用途，又具有强烈装饰性的附件，维修时首先要保证恢复其应有的工作性能，另外还要保证其外形和色彩的恢复；不易修复的，还应对组件进行更换。而对于车辆的结构和性能不起作用、纯粹属装饰品的装饰附件，一旦损坏，往往不易修复，通常需换新。

由于车主的爱好、情趣及审美观各不相同，因此所选用的饰品也将是因人而异，但从业人员在为客户挑选和安装饰品时，应掌握安全原则、协调原则和美观原则。

车内饰品一定要摆放在合适的位置。挂饰不能把后视镜遮挡住。贴饰不能粘贴在前风窗玻璃上，否则会影响视线。摆饰主要布置在仪表台的上端和后排座椅上。

第三节　汽车其他部件检查

一　汽车轮胎的检查

从业人员应建议车主平时要像爱护车身一样注意保护自己汽车的轮胎，并经常对其进行检查。对汽车轮胎的检查可从如下几个方面着手：

(1) 检查轮胎的磨损状况。一旦发现轮胎磨损不均匀，则说明轮胎的使用存在问题，需及时检查。因为从轮胎不正常的磨损表象中，可以发现轮胎在使用过程中存在的问题，并及时查明原因，延长轮胎的使用寿命。

(2) 检查轮胎外伤。检查时应查看轮胎是否有扎钉、割破、鼓包、开裂和气门嘴老化等现象。

(3) 检查胎纹内的杂物。检查是否有杂物和碎石等嵌入胎纹之间。

(4) 检查轮胎有无帘线折断、松散及帘布脱层等现象。

二　汽车灯具的检查

汽车灯具外观应无不良缺陷，手感光滑、无毛刺，灯泡应为国家标准规定的汽车产品灯泡。检查前照灯配光镜上是否有裂纹，因为虽然表面裂纹并不会影响前照灯的照明性能，但是湿气还是会沿着裂纹渗入灯具内，从而缩短灯泡的使用寿命。

三 刮水器、洗涤器的检查

汽车刮水器从安装方式上可以分为钩式、插式和螺钉固定式三种型号。一般情况下，检查刮水器可分为如下几步。

(1)检查洗涤器液位是否正常。

(2)检查刮水器刮水功能、洗涤器洗涤功能是否正常。

(3)检查刮水臂下端是否固定良好。

(4)检查橡胶刮水片是否老化变形。

(5)检查刮水臂的角度。

(6)检查刮水器的扫水能力。

(7)及时清洗刮水片。平时在进行车辆清洗时，应注意对刮水器的清洗。

(8)在检查时应注意喷嘴及排水孔是否被污渍或残蜡堵塞。

四 活动天窗的检查

好的天窗都有其独到的防漏设计，以保证不漏水。但天窗的橡胶条、泄水部位、电动天窗的电动机和滑动部件都需要每年进行维护。天窗玻璃面板的设计有隔绝热能和紫外线的功能，要用软布和清洁剂进行清洗，而不能使用黏性清洁剂，太阳挡板的清洗同样也不能使用黏性清洁剂。天窗由橡胶密封圈来密封，以确保天窗完全防水，平时使用时应注意不要粘有尘埃、沙尘等杂物，每 2 个月至少要用湿海绵清洁 1 次。平时可用细的滑石粉进行维护，以延长密封圈的使用寿命。天窗的移动部分要定期用机油或润滑剂清洁，一般至少每 2 个月清洁 1 次。

除上述检查外，也应对汽车玻璃、后视镜等进行检查。

第三章　车辆清洗

第一节　汽车外部清洗

车辆清洗是汽车美容作业中的一项基本工作，它和一般意义上的洗车在使用材料、施工部位、工艺流程和使用设备等方面都有很大的区别，应当说汽车美容范畴的操作更具科学性，其技术和工艺也更为严密和完备。

一　常见汽车专用外部清洁用品

目前，市场上各种工业用、家用、专用、通用的清洁用品数不胜数，但从严格意义上来说，汽车美容护理用品有其特殊的要求，若使用不当，有可能对车辆造成一定损害。以下对各类汽车专用外部清洁用品的特性、使用方法、适用范围及注意事项等进行简要介绍。

1. 汽车清洁香波

汽车清洁香波能清洗各种车辆的车身漆面，去除油污，并具有消除静电的功能，pH 值为 7.0，呈中性。使用时用适量净水稀释后喷涂或抹擦于车身漆面进行清洗，以清水冲洗后再用干布擦净即可。使用后不腐蚀漆面，不脱蜡，伴有各种芳香气味。

2. 汽车清洁上蜡香波

该类清洁剂除具有汽车清洁香波的功能外，使用后还能给车身涂上一层蜡膜，从而使其兼有护理上光的功用，故也被称为清洁上蜡二合一清洁剂。使用方法同汽车清洁香波。

3. 全自动洗车机用高泡香波

具备较强的清洗功能，pH 值为中性，泡沫丰富，是一种超浓缩高泡沫清洗剂。使用时用适量净水稀释后再加入全自动洗车机内即可使用。

4. 全自动洗车机用上蜡香波

用适量净水稀释后再加入全自动洗车机内即可使用,使用上蜡香波可以提高汽车表面的风干效果,并且清洗之后不产生水渍,还会在汽车漆面留下一层光亮蜡膜,起到护理作用。

5. 万用清洁剂

适用于汽车风窗及门窗玻璃,能除去各种玻璃、漆面及金属制品的污渍,使用后不伤及漆面、塑胶及橡胶。使用时喷涂在不洁器具的表面,使泡沫停留 1min 后用干净棉布擦拭干净即可。

6. 轮辋清洁剂

能有效去除轮辋上的油渍、氧化色斑,并清洁上光。使用时把清洁剂喷涂在汽车轮辋上,并用小刷子刷洗后以清水冲洗,用软布擦拭干净。

7. 重油清洁剂

能有效地去除汽车发动机零部件、底盘和各种设备上的重油污。使用时将重油清洁剂喷涂于油污处,然后用水冲掉,再用干布擦净。

8. 发动机外表清洁剂

适用于发动机外表及底盘等部件的外表清洁。用水稀释后喷洒在部件外表及油污处,并用刷子刷洗各部位,用适量水冲洗后用软布擦净即可,能除去较重油污。发动机外表清洁剂呈较强的碱性,必须用水稀释后使用。

9. 散热器除锈清洁剂

适用于汽车冷却系统的清洁,使用后能除积垢、锈渍、污泥的沉积,达到除锈、清洁的效果。使用前排尽散热器内的水,用水稀释后注入散热器,使发动机怠速运行 20min,排出散热器内的水及清洁剂,再用洁净的水冲洗散热器内部即可。

10. 制动清洁剂

适用于制动器、制动片、制动组件、离合器压板、风扇带等受压部件的清洁。使用时喷涂在不洁的零件表面,使污渍滴尽后用干布擦拭即可，能迅速清除各种污渍，避免产生辗轧的噪声，不含有毒物质，不会造成环境污染。制动清洁剂为易燃物，不得置于易燃处。

二 汽车清洗的原则

汽车清洗时不应对接受服务的汽车造成任何额外的伤害，而且还应对其原有的损伤部分起到一定程度的美化甚至修复作用。因此，在车辆清洗时，必须遵循如下几项原则：

(1)谨慎操作。除非操作者对汽车清洗的操作程序非常熟练、对清洗工具的操作得心应手、对清洗用品的性能十分了解、对汽车及内外饰件的构造十分精通，否则，只有谨慎操作，才能避免事故发生。

(2)取轻避重。取轻避重的关键是对产品的选择。在操作中，能用柔和型的产品就不用强力的，能用稀释的就不用浓缩的。在使用专用设备进行实际作业时，能用低速的就不用高速的；能用小力时就不要用大力；对未使用过的产品，就应从"轻"的开始试起。如果使用柔和型的做不了，再换强力的。

(3)选择专业产品。在购置汽车美容装饰用品时，应尽可能到一些规模较大的专业商店去采购。

(4)注意细节，精益求精。在清洗时，一些不引人注意的边角处要特别注意不能遗漏，有时，一个小小的污渍就有可能破坏整车的形象。因此，注意细节、精益求精是从业人员做好服务、争取回头客的重要法宝。

三 汽车清洗的操作程序

汽车清洗操作程序是指在整个车辆清洗过程中应严格遵循每一项具体的操作步骤。从业人员在清洗操作全过程中的每一个步骤都必须精确到位，按照规定的动作进行规范化操作。

1.清洗前检查

清洗前应先对污渍性质进行检查，以便明确对该辆汽车所应采用的清洗工艺。

(1)检查污渍性质。去污前,要首先判断车体黏着物的性质,大致分为两大类:一类是无硬物附着物,如虫尸和树胶类;另一类是硬物附着物,如水泥、装修材料和沥青等。

(2)确定清洗模式。在洗车前要明确汽车脱蜡与否,脱蜡清洗与不脱蜡清洗是两种完全不同的清洗方法。不脱蜡洗车是指在洗车时只做日常的洗车养护,并不伤及原漆面上的车蜡,在这种情况下应使用不脱蜡洗车液。而脱蜡洗车是指车辆在清洗后要在漆面上重新再打一层保护性上光蜡。此时,就应使用脱蜡洗车液,以便在清洗车上油泥、污渍的同时,将原有的残蜡也一起洗掉。

当顾客提出要对汽车进行打蜡时,可洒一些水在发动机罩上,看看水是否能薄薄地覆盖住漆面,如果发现有水眼(露出漆面的地方),则表明这块地方存在着油或蜡。在这种情况下打新蜡的效果不好,必须先用功效较强、具有脱蜡功能的洗车液来进行清洗,在清洗时应用水管边冲水边擦洗。粘过油、蜡的海绵(毛巾)不应再往已冲过水的地方擦,避免漆面重新粘上油、蜡。

2.浸润

浸润的主要功能是初步去除一些汽车表面的浮灰,使一些附于漆面结合较为牢固的污渍得到充分浸润,并使膨胀后的污渍从结合处浮起。

浸润时高压水枪应采用雾状水流和扇形喷嘴。柱状水流和强力圆形喷嘴虽然水流冲击力强,可以除去汽车车身上的干涸泥土,但容易对漆面造成损伤。水枪的压力应控制在0.2~0.4MPa,冲洗汽车下部的轮胎、底盘等处时,压力可高些,而冲洗漆面、玻璃等处时的压力则应低些,因压力过高,漆面(玻璃)上的沙粒在高压水的冲击下,有可能直接划伤漆面(玻璃)。由于一般高压水枪调压不太方便,故可通过调节喷枪与目的物之间的距离来控制水压。

冬天冲洗汽车时,可适当提高水温,以防止表面涂层的开裂。夏天可用常温水冲洗,但不得在强烈阳光下冲洗,以防表面上留下水珠痕迹。

在冲洗车辆时，可先在发动机罩顶上试枪，用高压水枪将车身通体打湿，漆面无大颗粒泥沙或污物。在整个过程中，应始终由一个方向向另一边的斜下方进行冲洗，要尽量避免正向或反向冲洗，以免将泥沙冲回已经冲洗干净的部位。具体冲洗顺序为：车顶→前风窗→发动机罩→左翼子板→中网及车灯→前保险杠→右翼子板→右前轮→右前门→右后门→右后轮→右后部→后风窗→行李舱盖→后边（保险杠、牌照及车灯）→左后部→左后门→左后轮→左前门→左前轮。轿车车身各部位如图3-1所示。

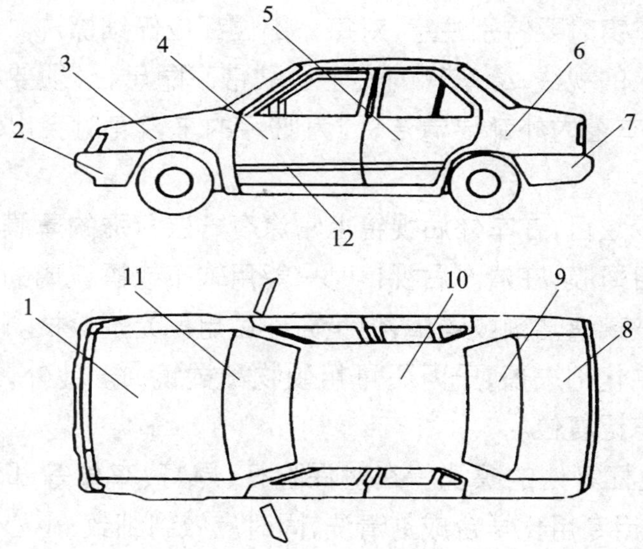

图3-1　轿车车身部位示意图

1-发动机罩；2-前保险杠；3-左前翼子板；4-左前门；5-左后门；6-左后翼子板；7-后保险杠；8-行李舱盖；9-后风窗玻璃；10-车顶；11-前风窗玻璃；12-车门防撞条

3. 擦洗

擦洗是以海绵等擦洗材料，使用专用的清洁剂，将经过前一道程序处理后仍残留在车表的污物加以吸附，同时带走已经软化浮起的污渍。对于一些附着于车表的顽固性污渍，通过清洁剂的作用而使其进一步湿润、溶解，并形成亲水层，最终被冲离汽车表面。

在车辆清洗作业中一般将清洁剂的浓度调节到1%～5%，通常情

况下,清洁剂对污渍的作用时间在5～10s。

擦洗时应用干净的海绵蘸着清洁剂对汽车进行擦洗。

(1)漆面擦洗顺序。漆面擦洗顺序同浸润顺序。

(2)玻璃擦洗。冬天在擦洗玻璃时,对于汽车玻璃上的雪和冰可用塑料刮片轻轻刮去。在去除冰雪时,要防止窗上尘垢把玻璃刮伤。同时,塑料刮片切忌用力来回刮削,而应慢慢顺着同一方向轻推。在擦拭玻璃时,不可使用已擦洗过漆面的车巾或麂皮,因为留下的防腐蚀材料的残迹会妨碍驾驶人的视线。

在擦洗车窗时要特别注意,对每一部位都应仔细擦洗。晃眼的油膜会影响驾驶人的视线,给车辆的安全行驶带来隐患,必须要将其彻底清除。同时,对车窗内外都要清洁,因为脏污的车窗有时会出现开关不顺畅的现象。

为了减少炫目,在车外后视镜上常涂有一层特殊的薄膜。为了不损坏这层防炫目薄膜,在清洗后视镜时只能用软布或擦玻璃的麂皮。必要时也可使用玻璃清洁剂或酒精,但镜面不可用抛光剂擦拭。冰和雪要尽可能用冰雪融化剂去擦,千万不可用硬物刮拭镜面。此外,后视镜擦洗完毕后不要忘记复位。

(3)保险杠等处的擦洗。在对保险杠、尾灯、车栅等部位进行擦洗时,应尽量使用专用化学合成剂清洗,同时应做到细致、小心,注意对边、角和凹凸处的彻底清洗,以保证整体的洁净和光亮。如果保险杠的喷涂与车身相同,可以用与车身相同的清洁、上蜡方法。

(4)轮胎的擦洗。在擦洗时可用不太硬的刷子刷掉粘在车胎上的泥土,注意尽量不要擦到车轮。清洗车轮时,可使用较为柔软的刷子或海绵。车轮的叶片、辐条之间不要有残留的污渍。对于已经变白的车胎,可使用车胎专用的清洁剂,将其喷在车胎上,清洁剂会呈乳膏状附于车胎,使脏污容易脱落,并与泡沫一起落下,显示出轮胎的光亮。然后,再用水进行冲洗,以将脏物彻底清除。车胎、车轮的清洁与否,在很大程度上影响汽车的美观,因此,在清洗车胎与车轮时应使用小的软刷,仔细刷洗，同时轻轻挑出嵌在轮胎凹槽内的碎石等物。

(5)车身底部的擦洗。使用千斤顶将汽车顶起后仔细检查。找到伤痕、锈块后，应立即进行清洗并加以修补，去掉锈边，涂上底部镀膜剂。

(6)发动机表面清洗。先用塑料布把发电机、点火模块等不能进水的部位包扎密封后，再将发动机清洁剂均匀地喷射于温热的发动机表面，静置5~10min后再用40℃温水冲洗，数分钟后即能将发动机清洗如新。

(7)污渍处理。无硬物附着漆面的去污可使用万能清洁剂、去污蜡和上光蜡进行处理，具体操作程序为：先在污物表面上喷洒万能清洁剂并稍等片刻，以便让污物充分吸收，待其完全浸润后再用洗干净的毛巾轻轻反复擦洗，直至洁净后，再用干毛巾或干净麂皮擦净。

4. 冲洗

冲洗是通过清水的冲洗，使经过清洁剂擦洗后的污渍呈乳化状态或悬浮状态脱离汽车表面，同时冲净残留的清洁剂。

用清水冲洗车身，顺序与浸润程序相同。但此时应以车顶、上部和中部作为冲洗重点。因为通过前两道程序的处理，车身下部已被冲洗得比较干净。而冲洗中部以上的部位时，向下流动的水基本能够将下部及底部冲洗干净，所以下部和底部与中、上部相比，冲洗时则可略少花一些时间。在清洗有些部位时可使用干净的车巾或海绵轻轻进行擦洗，在清洗时车巾或海绵应经常用清水漂洗并挤出多余的水分。

冲洗后车体无泥沙、无污渍、无漏擦之处。

5. 擦干

两位擦车员用双手将经清水洗净并拧干的半湿大浴巾在汽车发动机罩上铺开并展平，缓缓地从汽车发动机罩向车后同步拉动，以达到初步将车辆表面水分吸干的目的。在拉动中如浴巾湿度较大，吸水效果不明显时，可将其取下，两人合力将浴巾拧干后再擦。

接着使用干净的毛巾彻底擦干汽车表面的水迹，将汽车各个角落全部都擦遍，不能有任何遗漏。擦干手法：用洗净拧干的小毛巾对折平铺，裹紧整个右手手掌,再用左手抓紧毛巾四边同时将左手压在右手手背上进行擦干。在擦干时还应注意先擦最能够得着范围的 4 个边,俗称收边,收边后手掌再以横向运动的方式进行擦干。此时要一掌接一掌地横擦,横擦时两脚要呈八字弓步站稳于车旁,同时,腰身要正,视线要紧盯所擦之处,手掌要有力,一个区域一个区域地擦。在擦洗防擦线以下部分时,要注意将毛巾分开使用,即前后左右为 1 块毛巾,4 个轮辋为 1 块毛巾。这样可避免轮子上的细沙砾被带到毛巾上之后在擦洗时伤及漆面,其操作与擦干防擦线以上部分的方法相同。

最后使用干净的鹿皮擦亮汽车被清洗的各个部分。操作时,用已经在清水中洗净拧干的鹿皮擦拭汽车表面被清洗的部分,此时,鹿皮一定要注意洗净并拧干。其操作程序与前一道表面擦干相同,当擦到防擦线以下时,依然要分 2 块鹿皮进行擦拭。操作时应注意:第一,在前几道擦干工序时可采取往复运动,后期要求只能按照汽车行驶方向(纵向)单向运动,这样才有利于保持光线漫射面一致;第二,在擦拭尾灯边框的缝隙、行李舱盖及后牌照下部时,要吹去其缝隙中残留的水分;第三,在擦洗 4 个车门玻璃及倒车镜时也要将残留在缝隙中的水分吹出擦净。

当全部擦拭完毕后,要对全车表面进行一次检查,漆面及外部饰件应无尘土、无污渍、无水痕,玻璃光亮如新,无划痕。

四 汽车清洗的注意事项

1. 选择适当的洗车时机

(1)如果天气一直晴好,大约 1 周做 1 次全车清洗工作即可。

(2)连续雨天时,可用清水先对全车喷洒清洗,使车上的污物脱离。只要再用湿布或湿毛巾擦拭全车所有的玻璃即可。等到天气放晴之后,再对全车进行一次清洗。

(3)当汽车行驶在工地或途经工地时,一般车辆都会被工地上的污泥溅到。一旦遇到此种情形时,应及时进行清洗,以免附着时间久了会伤及漆面。

(4)当汽车行驶在海岸边遇有露水或雾气时,因海岸空气中盐分较重,也应及时对车辆进行清洗,以免车身钣金件遭受腐蚀。

2. 选用合适的清洁用水

洗车应使用自来水或符合标准的循环水。因为对于汽车清洗,尤其是采用高压水清洗汽车时,对车身危害最大的是水中的固体悬浮物。水中固体悬浮物在高压的夹带下,会对汽车漆面造成一定的损伤。其次是水中的矿物油,如果含量过多,也将对汽车造成污染。为了防止对车体的腐蚀,清洁用水的 pH 值应保持在 6.0 ~9.0 之间。国家标准 GB/T 18920—2002《城市污水再生利用城市杂用水水质》中对洗车用水的水质标准做了详细规定。

在一般情况下,洗车水温最好能控制在 30 ~40℃。

在使用高压水枪冲洗车辆时,水压不宜太高,一般不高于 0.7MPa。在使用清洁剂前,应先用分散的雾状水流清洗全车,待充分浸润后用清洁剂擦洗,再用集中的柱状水流进行冲洗。但在冲洗漆面和玻璃时压力要稍低些(一般不要超过 0.4MPa),冲洗底盘时,水压可高一些。

3. 选用专业的洗车用品

采用 pH 值为 7.0,含阴离子表面活性剂的清洁剂清洗汽车漆面,一般漆面可承受的 pH 值在 6.0 ~9.0 之间。同时对不同材料制成的部件必须使用不同的专业清洁剂。

4. 采用专业的擦洗用品

擦洗时,应准备各种海绵、毛巾、麂皮等不同工序时所采用的不同擦洗材料。特别是当清洁车身漆面时,切不可使用硬质的清洁工具,如塑料刷、普通毛巾或粗布等材料,以免在漆面留下擦伤痕迹。在擦洗时,应经常将海绵放在清水中洗涤,以避免海绵中残存的泥沙给漆面留下擦伤痕迹,清洗完毕后,再用麂皮擦掉清洗物表面的水迹。

许多人洗车喜欢用一些旧毛巾或劣质毛巾,殊不知,旧毛巾和劣质毛巾上的纤维容易脱落,有的劣质毛巾由于过薄,针织密度很小,也容易损伤漆面。此外,这些毛巾晒干后会变得很硬,用来擦车也会造成漆面划痕。

5. 不要在烈日下洗车

夏季若直接在烈日下进行汽车清洗,作业时车身上的水分会很快被蒸发,车身上原来的水滴会留下许多斑点,则会影响清洗效果。由于夏季环境温度本身很高,再加上汽车在行驶后发动机温度更高,此时直接洗车会使汽车发动机提前老化。此外,在烈日下洗车,还会产生透镜效应。所谓透镜效应是指当车表漆面上存有小水滴时,由于水滴呈扁平凸透镜状,在阳光的照射下,这些小小的水滴对日光有聚焦作用,焦点处的温度会高达 800 ~1000℃,从而导致漆面被灼蚀,出现肉眼所看不见的小孔洞,这些小孔洞有的还会深达金属基材。当漆面由于透镜效应被灼伤,或灼伤的范围较大时,一些分布密度较高的漆面就会出现严重的失光。所以在夏季,洗车打蜡一定要在有遮蔽的环境下进行。

6. 注意清洗程序

车辆清洗时应遵循自上而下、先首后尾,顺时针清洗的操作原则。许多人洗车一般喜欢先从发动机罩或行李舱盖开始,然后再清洗车顶部,最后洗车裙。其实这样的顺序是错误的。正确的洗车顺序应该是:自上而下,自右往左,顺时针方向进行,以避免清洗过程中的交叉污染。

7. 注意防护

高压冲洗前,须检查车窗,前后盖板是否关闭良好。在冲洗车辆时,不要将水冲进钥匙孔。清洗发动机舱时,注意不要将水溅到分电器、点火线圈等电气系统的零件上,否则会使发动机不易起动。如果不小心把水溅到电气系统上,应立刻用干布将其擦干,或用压缩空气把水吹净。

8. 新车开蜡

新车开蜡清洗时不能用煤油进行开蜡,否则容易对漆面造成损伤。同时应注意封漆蜡的类型,封漆蜡分为油脂蜡和树脂蜡两种。对油脂蜡最好使用环保型开蜡液,能更有效的去除油污,也不会对环境造成二次污染。

五 其他清洗方式简介

1. 蒸汽洗车

蒸汽洗车设备是通过电(或液化气)加热位于蒸汽发生器内的水,使之达到100℃以上的高温,从而产生温度为90~100℃、压力为0.5~2MPa的蒸汽流,冲洗被清洗的表面。高温、大容量的洗涤液及液流冲击表面时产生的湍流运动,使尘土和污渍软化并产生膨胀从而脱离物体表面,保证清洗的效果。这种方法可以彻底清洗尘埃及污泥的沉积物,润滑脂、润滑油及其分解物、残留覆盖层,同时也可清除被有毒化合物玷污的表面。

2. 汽水混合洗车

汽水混合洗车设备是通过高压高速的压缩空气在喷射时所产生的负压,带动储水罐内的水到达喷枪的喷嘴处,使之与压缩空气进行混合,同时由高压空气将混合后的水雾化,形成雾状射流。雾状化的水在喷流中会分裂成许多微小而均匀的液滴喷涂在汽车表面上,形成厚薄均匀的薄膜。这层厚薄均匀的薄膜能使汽车漆面上的污渍得到浸润并使其膨胀、浮起,之后再使用洗车液及干净毛巾对漆面进行彻底清洁。

3. 全自动洗车机清洗

全自动洗车机按洗车时被清洗的车辆是否与水以外的助洗介质(如滚刷等)直接接触,可分为接触式与无接触式;按清洗时车辆是否移动,可分为隧道式与龙门式(又称为往复式)。无接触式是洗车机通过特殊的喷嘴将高压水以不断变化的切线形式(俗称水刀)沿一定方向对待清洗的车身作喷射运动,从而达到车辆清洗的目的。而接触式是以泡绵、尼龙和羽状布等材料制成的滚刷,通过各种形式的旋转并在水(或清洁剂)的作用下,对汽车的外表进行清洗。隧道式清洗机工作时,滚刷被固定在原地作旋转运动,而待洗汽车由设备牵引,沿着固定的轨道缓慢地作纵向移动;而龙门式清洗机工作时,待洗汽车不动,洗车设备带动旋转的滚刷沿着被清洗汽车的车身缓慢地作纵向移动,从而达到清洗车辆的目的。

4. 化学清洗(无水洗车)

化学清洗俗称无水洗车,顾名思义就是不以水为清洗介质而对车辆进行保洁。化学清洗使用的清洁剂各有不同,但其主要原理都是采用化学药品使附着在汽车漆面上的泥沙、油污、沥青、鸟粪等污渍产生膨胀、松化,从而使其脱离漆面,然后再使用干净毛巾将这些污渍擦除。

第二节　汽车内室护理

一　汽车内室的清洗

内室清洗是汽车内室护理中最基础和最常见的作业,其护理对象主要为:车内篷壁、座椅垫、地板、安全带、木质装饰、倒车镜、车内空调出风口等部位。

1. 汽车内室污渍的类型

污渍分水溶性污垢、非水溶性固体污垢和油脂性污垢3种。水溶性污垢,主要有糖浆、果汁中的有机酸、盐、血液及黏附性的液体等。非水溶性固体污垢,主要有泥、砂、金属粉末、铁锈、霉菌及虱虫等。油脂性污垢,主要有矿物油、涂料类产品、油彩、沥青及植物油等。

2. 汽车内室清洁的程序

汽车内室清洁自上而下,自前向后进行,具体的作业程序如下:

(1)取出脚垫及车内杂物。检查车内有无贵重物品,若有,则应小心取出交给顾客另行保管。将车厢内的杂物及大型垃圾取出,包括脚踏板、坐垫、椅背、腰背靠垫、录音带、钱币等,倒掉烟灰缸内的烟灰及杂物。

(2)铺上自备工作脚垫。

(3)清洗脚垫。以敲击法去除附在脚垫内的砂粒、碎屑,并用空气清洁枪吹去灰尘。用高压水枪或水柱清洗脚垫污秽面并风干,如果脚垫两面都一起浸洗过,可用脱水机脱干后再风干。

(4)取下座套。如顾客的座套需要清洗,则取下座椅上的座套另外进行清洗。

(5)铺上自备工作座套。

(6)清洁车内顶篷。绒布顶篷清洁时用吸尘器吸除车内顶篷上的浮灰,用干净湿布擦拭,如遇有较重污渍处,可使用专用的清洁剂清洁,污渍清除干净后,用另一块干净的棉布顺着车顶的绒毛方向抹平,使其恢复原样。清洁皮革顶篷时用软布将皮革表面擦拭干净,除去上面的尘土、水汽,将皮革清洁剂喷到皮革车顶表面,稍停片刻,用干净毛巾仔细擦拭,直至污渍被清除。

(7)清洁前风窗玻璃内面,清洁仪表台。先将上面黏附的污斑、昆虫和沥青用塑料或橡胶刮刀除去,然后才可以用专门的玻璃清洁剂进行清洁。用吸尘器清除前风窗玻璃槽内的污物。用干净软布清洁遮阳板与上面的仪容镜。将专用玻璃清洁剂按产品使用说明喷涂于玻璃表面,再用软布轻轻擦拭直至光亮。最好能在前风窗玻璃内侧涂风窗玻璃防雾剂,在外侧涂风窗玻璃防雨剂,涂时应均匀,待干后擦净,前风窗玻璃即可透明光亮,并具有防雾防水的功能。

清洁汽车内室风窗玻璃时,工艺与汽车外部清洗时基本相近,擦拭时要用软绒布。所不同的是内室风窗玻璃清洁时一般不用水冲而是使用专用的玻璃清洁剂,按照产品的使用说明进行操作。

用干净软布轻轻擦拭倒车镜。也用软布蘸上洗涤剂擦拭车内的夜间照明灯具,并用干燥的布吸干净。

用吸尘器除去置物箱及汽车收音机周边的污渍,并擦拭干净。用干净布及棉签清除仪表台面、仪表盘、转向盘、音响、排挡区等处的污渍。用软刷与吸尘器清洁空调的风道口,以保证车内环境和空气的洁净。将专用仪表台清洁剂喷于软布,并轻轻擦拭仪表台各处。再使用清洁剂处理仪表台的剩余部分。

(8)清洁转向盘、排挡区。用小牙刷或蘸有洗涤液的抹布刷洗,清洁汽车内的转向盘和变速器、变速杆、驻车制动杆等部件。

(9)清洁安全带。清洁时不必将其拆下,可直接用牙刷蘸淡肥皂水擦洗。使用其他化学物质擦洗安全带时,一定要慎重选择,特别对于一些带有腐蚀性的液体,更要注意避免,以防安全带提前老化而造成安全隐患。

(10)清洁后风窗内面,清洁后置物台。用吸尘器清除后风窗玻璃槽内的污物。将专用玻璃清洁剂按产品使用说明喷涂于玻璃表面,再用软布轻轻擦拭直至光亮。后风窗玻璃因内侧有防雾除霜栅格,不能用风窗玻璃抛光剂处理。玻璃贴有太阳膜的一面也不能使用玻璃抛光剂,而只能用玻璃清洁剂来进行处理,以防止划伤膜面而影响采光度。

吸除后风窗玻璃下方及后椅背板上的污物,如面纸屑或蚊虫尸体等。清洁后空调出风口。使用专用清洁剂,清洁后置物台。

(11)取出自备座套,清洁座椅。从车内取出自备座套,使用长毛刷子和吸尘器配合,一边刷座椅表面一边用吸尘器的吸口把里面的灰尘及砂粒清除干净。如遇后排座椅中有活动扶手的车型时,应先将其翻上,待清洁完毕后再复位。将皮革表面用软布擦拭干净,将皮革清洁剂均匀地喷敷于皮革表面。稍停片刻,用干净毛巾或软刷子仔细擦拭,直至污渍全部清除。

(12)清洁行李舱。用吸尘器清洁行李舱内的灰尘,使用专用清洁剂清除行李舱内的污渍。

(13)取回自备工作脚垫,清洁地毯。取出自备工作脚垫,用吸尘器吸除灰尘及沙粒,再用刷子及湿布使用专用清洁剂进行清洗。如地毯上的污渍太重,就得取出地毯到车外使用专用的地毯清洁剂做清洁处理,等地毯晾干后,便可将其装回车内。

(14)清洁车门内侧。用吸尘器吸除车门内侧及内侧板下置物槽内的污物。用干净湿布擦拭,如遇有较重污渍处,可使用专用的清洁剂清洁。

3. 清洁汽车内饰的注意事项

(1)正确选用清洁剂。清洁汽车内室不同材质的内饰部件时,最好选用专门针对该材料所生产的专用清洁剂。

(2)准确使用清洁剂。除非产品包装上特别注明，在使用时不能随意混合或加温使用内饰清洁用品。

(3)先测试再使用陌生产品。陌生的产品应先在待清洗部件的不显眼处测试再使用。

(4)慎用某些清洁剂。千万不要在车内材料上使用汽油、苯、石脑油、四氯化碳、丙酮、涂料稀释剂、松节油等，以免造成损害。只有当用户手册特别建议时才可使用酒精、洗衣皂和漂白剂。

(5)尽量少用溶剂。使用溶剂去污时用量要少。

(6)不要用水过度。清洗时应防止水分过多，一旦没有完全干燥则容易发潮。

(7)保管好车钥匙。为防止车钥匙被反锁在车内，进行美容作业时，最好能将车钥匙统一存放在专用的保管箱内。确有需要时，可将驾驶室车门玻璃降下一部分，因为有些车辆自备或所安装的车用防盗器具有自动锁定功能。

(8)防止物品遗失。

(9)作业时必须关闭车内照明。

(10)清洗完毕，仪表台开关必须复位。

(11)按产品说明正确保存清洁用品。

二　汽车内室的美容

汽车内室的饰件除了应经常保持清洁外，还应和外观部分一样，经常进行美容护理，以最大限度地延长其使用寿命，并营造一个清新的车内环境。

(1)玻璃制品护理。在对车内玻璃制品进行护理时，可选择专用的玻璃护理液。

(2)皮革制品护理。在汽车内室美容的皮革制品护理作业中，主要是用清洁上光用品对皮革进行翻新护理。

(3)橡塑制品护理。对于车内不同部位的橡塑制品,可根据其材质,有针对性地使用不同的专用护理用品。在清洁仪表台时,应使用不会发出耀眼亮斑的增亮剂。

汽车内室护理喷蜡时不要污染激光头,不要将蜡喷涂到皮革座椅上,杂物摆放要有序。

三 汽车内室的杀菌消毒与熏香

1.汽车内室的杀菌消毒

汽车内室的杀菌消毒方法有高温蒸汽杀菌消毒、化学杀菌消毒、臭氧杀菌消毒、空调清新剂消毒等。

(1)高温蒸汽杀菌消毒。高温蒸汽杀菌消毒是采用高温蒸汽发生器所产生的140℃高温蒸汽,喷施于需进行杀菌消毒的车内各部件以达到杀菌消毒的目的。

(2)化学杀菌消毒。采用化学方法进行杀菌消毒,主要是通过使用一些消毒剂对汽车进行喷洒和擦拭,以实现杀菌消毒的一种操作工艺。目前市场上常用的消毒液及使用方法如下:

①过氧乙酸。消毒时,用0.5%的过氧乙酸溶液均匀地喷洒于待消毒的部位,在汽车内室使用过氧乙酸进行消毒后,应通风30min以上,以使其彻底挥发。此外,由于过氧乙酸具有一定的腐蚀性和漂白性,所以车内一些衣物等物品最好事先取出,且消毒后对所有接触过的金属部件均要进行仔细擦拭。

②来苏水。这是一种甲酚和钾肥皂的复方制剂,易溶于水,可杀灭细菌繁殖体和某些亲脂病毒。当进行汽车内室消毒时,可采用1%~3%的溶液对车内进行擦拭或喷洒。需注意的是,当来苏水与肥皂和洗衣粉一起使用时,将会影响其杀菌效果。

③84消毒液。通常这种消毒剂含氯量为5%,使用时必须加200倍的水进行稀释,如果不按比例稀释会有一定腐蚀性。84消毒液不具挥发性,对肝炎等病毒可通过浸泡起效,但对空中飘浮的飞沫没有什么

作用。

(3)臭氧杀菌消毒。由于车厢是一个密封且较为狭小的空间,空气的污染情况要比一般的室外严重得多。再加上车内的座椅、顶篷、仪表台、地毯、脚垫、门板等多为皮料、塑料、橡胶、纤维等制作,长期使用后极易藏污纳垢。对于车内的各种细菌、病毒等,普通的洗车只能去除其中极少的一部分,而使用消毒液又容易对汽车的金属部件产生一定的腐蚀,所以臭氧消毒法受到了越来越多业内人士的欢迎。臭氧消毒法是采用一个能迅速产生大量臭氧的汽车专用消毒机来进行消毒的。臭氧是一种具有广泛性的高效快速杀菌剂,它可以杀灭使人和动物致病的多种病菌、病毒及微生物。它的消毒原理是:通过在较短的时间内破坏细菌、病毒和其他微生物的结构,使之失去生存能力。

臭氧杀菌消毒后不会残存任何有害物质,不会对汽车造成二次污染。因为臭氧在杀菌消毒后很快就会分解成氧气,而氧气是对人体有益的气体。臭氧消毒法操作起来也较为简单,只需将一根连接着汽车专用消毒机的胶管伸入车厢内,打开汽车专用消毒机,消毒机就会把通过高压放电产生的高浓度臭氧送到车内的每个角落。这一操作过程,只需几分钟即可完成。臭氧消毒虽然时间较短,但杀灭病菌最为彻底。需注意的是,消毒后车厢里会留有一股淡淡的臭氧味,不过这些残存的臭氧很快就可以分解为无色无味的氧气,所以只需将车窗打开一会儿,臭氧味就会彻底消失。

(4)其他杀菌消毒法。还有一种较为简便的杀菌消毒法,就是选择专用的空调清新剂。在消毒前,将车内的食品、纸巾等取出,避免吸附异味。使用专用的消毒熏罐,将空调内循环开至最大风量,打开熏罐置于副驾驶座位脚下处,关闭门窗即可进行内室的杀菌消毒。待 10 ~15min 后,取出熏罐并打开门窗通风。

2. 车用香品

车用香品可以清除车内异味、净化车内空气。常用的车用香品按形态来划分主要有气雾型、液体型和固体型 3 种,如按使用方式来划分主要有喷雾式、泼洒式和自然挥发式等。

气雾型车用香品主要由香精、溶剂和喷射剂组成,可以覆盖车内某些特殊异味,比如行李舱味、烟草味、鱼腥味和小动物体味等。

液体型车用香品较为常见,一直被广泛使用。它是由香精与挥发性溶剂混合而成,盛放在各种做成一定艺术造型的容器中。它具有气味浓郁、使用便利等特点,但使用周期短,需要不断补充。

固体型车用香品主要是将香精与一些材料混合,然后加压成形。固体型车用香品具有香味清淡、使用周期长、无需补充等特点,也是车内使用较多的香品。

从业人员在为客户推荐车用香水的时候,应根据车辆、季节及车主性别、性格、爱好等因素合理选用。

第四章 车辆美容

第一节 车体上蜡及抛光

一 常用车蜡简介

(1)去污蜡。适用于汽车车身,具有去污、除锈、防垢、保持光亮的功能,不能在车身温热时使用。

(2)亮光蜡。适用于汽车车身、各种金属制品,去污蜡除渍后,再涂抹本品,可在漆面形成保护膜,防止氧化、酸蚀和雨水的侵蚀,使漆面不粘灰尘、光亮持久,不能在车身温热时使用。

(3)黄金镜面蜡。黄金镜面蜡是一种高性能的护理型天然蜡,含有巴西棕榈蜡和聚碳酸酯,对漆面渗透力极强,光泽如镜,保持长久,能有效护理汽车漆面。可用手工打蜡和机器打蜡方法将其涂抹于新车及旧车抛光翻新后的漆面。

(4)彩色蜡。不同颜色的车使用相应颜色的蜡,对漆面起到修饰作用,可掩盖轻微细小划痕。

(5)抗静电蜡。是一种喷雾型上光护理蜡,能防止漆面静电的产生,最大限度地减少静电对灰尘、油污的吸附。

二 车蜡选用原则

车蜡选择不当不仅不能保护车体,反而会对车身表面产生不良影响,严重的还会使漆面褪色或变色。所以要求从业人员根据汽车漆面的实际情况进行正确选择。

(1)根据车蜡作用选择。由于不同车辆所处的运行环境千差万别，有的在城市，有的在乡村，有的在山区，有的在干旱地区，有的在多雨地区等。在这些不同的环境及气候条件的作用下，汽车漆面所要承受的外界刺激就各不相同。因此，应有针对性地为车辆选择具有最佳保护效果的车蜡。

(2)根据漆面质量选择。对于中高档轿车，由于其面漆的质量较高，宜选择高档车蜡；对于普通轿车或其他车辆，则可选用珍珠色或金属漆系列涂料的车蜡。

(3)根据漆面新旧选择。新车或新喷涂车辆，应选用上光蜡，以保持车身的光泽和颜色；对于旧车或漆面有漫射光痕的车辆，可选用研磨蜡对其进行抛光处理。

(4)根据季节不同选择。夏季一般光照较强，宜选用防高温、防紫外线能力强的车蜡。

(5)根据车辆行驶环境选择。当汽车经常行驶的环境较差时，应选用保护作用较强的硅酮树脂类车蜡。

三 车蜡选用注意事项

(1)分清漆面性质。风干漆与烤漆都可做抛光处理，但所用的抛光蜡各不相同，用错后会造成涂膜变软、裂口及变色。

(2)分清漆面颜色。浅颜色漆面与深颜色漆面所用的抛光蜡不能混用。浅颜色漆面若用了深颜色漆面的抛光蜡会使涂膜颜色变深，使车身漆面颜色发花。反之，涂膜颜色会变淡，出现雾影，严重影响外观。因此，在选用车蜡时，一般深颜色的漆面选用黑色、红色或绿色车蜡，浅颜色的漆面则选用银色、白色或珍珠色系列的车蜡。

(3)分清上蜡方式。机械上蜡要配合专用抛光机使用，手工上蜡直接用手涂擦抛光。用机械上蜡进行手工抛光费工费时且效果不佳，用手工上蜡进行机器抛光则会造成浪费。

(4)熟悉车蜡的品种及功能。本色漆与金属漆的抛光蜡应区分使用。金属漆在使用专用的抛光蜡后不但可增加漆面光泽，而且能使金属的闪光效果更清澈，更富立体感。

分清增光蜡与镜面处理蜡。镜面处理蜡是对漆面进行增光处理的专用蜡，其保护作用不如保护增光蜡。保护增光蜡含有许多成分，可在漆面上形成一层保护膜，抵御外界紫外线、酸雨、静电、粉尘、水渍等的侵害。

分清粗抛蜡与细抛蜡。粗抛蜡在抛光时一定要先用，在抛亮涂膜后再换用细抛蜡，颠倒使用不但浪费抛光蜡，而且达不到应有的抛光效果。

(5)注意车蜡成分。含硅产品与不含硅产品在使用范围上应分清。含硅产品在进行漆面处理前应尽量避免使用，因为涂膜一旦粘有硅质，漆面修补就很难进行。

普通保护性车蜡是由蜡、硅、油脂等成分混合而成，属于油性物质，它可在漆面形成一层油膜而发出光泽。但由于油膜与漆面的结合力差，保护时间较短，且这种车蜡常常会因下雨或冲洗等因素流失，有时甚至还会附着在风窗玻璃上而形成油垢。另外，存留在车蜡上的水滴一般呈半球状(只不过比未上过蜡的略为扁平)，但仍会产生透镜作用，聚焦太阳光以致灼伤漆面。

高级美容蜡含有特殊材料成分，一般用水冲洗较难流失，光泽保持时间也较长。施工后车蜡表面水滴呈扁平状，透镜作用不明显，能有效地保护漆面。此外，此类车蜡除了具有一般维护蜡功能外，它还含有一种活性非常强的渗透剂，能使车蜡迅速渗透于涂层内。它特殊的分子结构，可以和漆面之间产生牢固的结合力，上蜡后的漆面看起来浑然一体，效果比普通车蜡好得多。目前，市场上的高级美容蜡可起到清洁、上光、保固、修复划痕、激活色彩、防静电、防紫外线、抗高温、耐清洗等作用，同时适用于各种颜色的金属漆、水基丙酸漆。

四 上蜡时机与频率

由于车辆行驶的环境和停放的场地不同以及气候的影响，上蜡的时间间隔也有所不同,车主或驾驶人应掌握好上蜡的频率。一般 1 个月 1 次或 2 个月 3 次为宜,上蜡间隔最好不要超过 2 个月。在实际操作中,当用手背触摸车身感觉不光滑时,就需进行上蜡了。

五 车体上蜡操作程序

(1) 车身清洗。为了保证上蜡效果,上蜡前必须先要除去车身上的浮尘与污渍,对车辆进行彻底清洗。

(2) 车身上蜡。上蜡可分为手工上蜡和机械上蜡 2 种,手工上蜡简单易行,机械上蜡效率高。无论是手工上蜡还是机械上蜡,都要保证漆面涂抹均匀。

上蜡应遵循“先上后下”的原则。具体顺序为:车顶→右翼子板→右前门→右后门→右后部→行李舱盖→左后部→左后门→左前门→左翼子板→发动机罩。

将发动机罩放在最后处理的原因是:汽车在运行后该区域温度较高(特别在夏天),而过高的温度会影响上蜡效果,将发动机罩留待最后处理,是为了尽可能延长该部位的冷却时间。上蜡工序如下:

①将适量的车蜡涂抹在专用的打蜡海绵上,然后按上述顺序往复直线涂抹,每道涂抹应与上道涂抹区域有 1/5 ~1/4 的重合度,防止漏涂,保证涂抹均匀。机械上蜡时将车蜡涂在打蜡机海绵上,具体涂抹过程和手工上蜡基本相同。

②上蜡时,手的力度要均匀,用大拇指和小指夹住上蜡的海绵,以手掌和其余 3 个手指按住海绵,再按直线方式进行涂抹。

③在涂抹车蜡时,应注意车身的边、角、棱处,不要超出漆面。特别不要将蜡涂抹到车身饰条上。

④在保险杠上涂蜡。

⑤使用干净棉球把抹过的去污蜡磨光。

⑥在上蜡时用右方的海绵垫,磨蜡时用左方的海绵球,用直线的方法推打。

⑦在反光小灯处及其四周打蜡。

⑧在上、下扰流板处打蜡清洁。

⑨在车上再涂抹细蜡，用清洁棉球将细蜡擦拭均匀。

⑩如上完一层，车身上仍有少许污垢的话，可再进一步上蜡，重复打蜡。

⑪检查车身部分，每一地方须仔细、彻底地美容。

⑫再使用美容蜡，将车身全部擦拭一次。

⑬用清洁棉球将美容蜡打光。

⑭最后均匀喷洒亮光蜡在后视镜上，使之光亮。

⑮整理风窗玻璃的翼子板时可用报纸将玻璃和刮水器遮住，以免受损。

⑯要使用海绵推打后视镜背，因为此处常因会车而擦伤，所以需要维护。

⑰保险杠及饰板美容的基本程序如下：用亮光蜡整理门饰条及门槛，用亮光蜡整理风窗玻璃下方的塑胶板，最后再用亮光蜡在保险杠上喷上一层美观的保护蜡。

(3)车身抛光。根据不同车蜡的使用说明，一般在上蜡后5～10min即可进行抛光。

在抛光时应遵循先上蜡后抛光的原则，以确保抛光后的车体不受污染，抛光作业通常使用无纺布毛巾往复直线运动，并施以适当的压力，以清除剩余车蜡。

六 上蜡操作的注意事项

(1)正确清洗车辆。上蜡前一定要将车身彻底清洗干净，有些车因未做去污处理，所以在前风窗玻璃和发动机罩上会留有未能洗净的附着物。在上蜡之前，应首先对这些地方做局部去污处理，之后再进行上蜡操作，以保证上蜡的效果。

(2)正确选用车蜡。选用车蜡不当，也会对汽车造成损坏。一些从业人员喜欢选用硬质蜡,特别是一些价格便宜的劣质硬蜡进行漆面护理。这些蜡由于采用了低档原料,使用后经紫外线长时间的照射会透蚀漆面,留下点点黑斑。特别是车蜡中含有的研磨颗粒,会在光亮的漆面上留下道道细痕。此外,不同颜色的汽车对车蜡的颜色也有一定的要求,特别是对使用了金属漆的汽车,更不能用错车蜡。

(3)环境温度不可过高。上蜡时应将汽车停放在阴凉处,以保证车体不致过热;特别在夏天,更不可将车停在太阳光下,边晒边上蜡,因为随着温度的升高,车蜡会氧化变硬,使附着性变差,影响上蜡效果。

(4)保持上蜡的方向性与蜡膜的均匀性。一些从业人员给车身上蜡时都习惯性地以画大圆圈的方式进行。这样操作会在漆面产生许多类似光环的同心圆,是错误的方法。正确的上蜡应是以直线和横线交替的方式进行,最后再按汽车行驶的方向(纵向)完成最后一道。无论是手工上蜡还是机械上蜡,操作时的共同要求是保持上蜡的方向性和蜡膜的均匀性。

(5)抛光要及时进行。抛光作业要在上蜡完成后按产品说明中规定的时间内进行,且抛光运动也应是直线往复。未及时抛光的车辆绝不允许上路行驶,否则再进行抛光,很容易对漆面造成损伤。

(6)操作应连续进行。当车身被均匀涂抹蜡层后,相隔 5 ~ 10min 尚未干燥白化时(以不粘手为度)即可用干净柔软的干毛巾进行擦拭。因此,上蜡的操作必须顺着车体钣金件一片一片地进行,切不可贪图方便,先将车体全部上好后,再一次擦掉,这会使漆面的色泽深浅不一,非常难看。一些快速水蜡可以边涂边擦,抛光蜡需要专业的抛光机进行抛光处理。

(7)机器抛光不要过度。使用机器对车体进行抛光时,如非专业人员,千万不可用力过大,否则会损坏原车的漆面。

(8)上蜡时应注意车身涂层是否已经破损。上蜡时,若海绵上出现与漆面相同的颜色,可能是车身漆面已经破损,应立即停止上蜡,先进行修补处理。

(9)上蜡后及时清除蜡垢。车身上蜡后,在车灯、车牌、车门和行李舱等处的缝隙中会残留一些车蜡,使车身显得很不美观。这些地方的蜡垢若不及时擦干净,很容易造成灰尘、沙土及一些有害物质的聚集,天长日久,就会在这些部位产生损伤。因此,上完蜡后一定要将蜡垢彻底清除干净,这样才能取得完美的上蜡效果。

(10)服装穿着规范。上蜡时切勿穿着有纽扣等较硬物品外露的衣裤,以免刮伤车身。

七 车身封釉

汽车漆面的釉是一层无色透明的保护亮层,封釉后的车身漆面可以耐高温、耐水洗、耐摩擦、不易粘灰、不怕酸雨、抗氧化、抗紫外线,可长期保护漆面。

封釉工序如下:

(1)漆面清洗。一定要使用中性的清洁剂清洗漆面,清洗后还必须将漆面彻底进行干燥。

(2)黏土打磨漆面。用"去污黏土"对漆面进行全面的打磨处理。

(3)深度清理。使用静电抛光轮,配以增艳剂,在旋转的同时产生静电,将毛孔内的脏物吸出。同时,增艳剂渗透到漆面内部,发生还原反应,可以达到增艳如新的效果。抛磨的另外一个功效是可将漆面细小的划痕磨平。

(4)振抛封釉。在专用振抛机的挤压下,将釉深深压入漆面的毛孔之内,形成牢固的网状保护层,并附着在漆面。

(5)打磨。用无尘纸打磨一遍车身。

(6)抛光。对漆面进行一次全面的抛光处理,以达到镜面效果。

(7)清洗擦干。在漆面抛光完成以后,还要将车身外部全部用清水洗净擦干,彻底去除残留的抛光剂。

八 汽车面漆的镀膜

封釉是用高转数的研磨机把药剂加压封入漆面,这种压力同时作用在漆面上,经常会造成漆面损伤。镀膜则采用了温和的涂抹及擦拭的附着方式,靠膜本身的分子结合力附着在漆面上,避免损伤车漆。汽车漆面镀膜是运用硅素高分子聚合体、氟素高分子聚合体和高纯水等非石油环保材料,通过严格规范的作业流程操作,在车漆表面形成一层不易氧化的保护膜,给车漆穿上了一件“玻璃素保护外衣”,使漆面能保持新车般的光亮效果。同时,该类产品具有较高的稳定性,一般在汽车正常使用和维护的情况下可使漆面保持光亮达一年以上。这一层保护膜的工作原理是使玻璃纤维分子同车漆发生化学反应后紧密地结合于车漆表面,将车漆和外界完全隔离起来,其厚度虽只有2μm,但却具有很高的强度和耐候性,可有效防护灰尘、酸雨、鸟粪、花粉及不良洗车液所含酸碱物质对车漆的侵蚀,较好地解决了车漆因氧化而导致的色彩陈旧、光泽暗淡等问题。漆面镀膜工艺的全过程需经过清洁、研磨、抛光、镀膜等工序,全车作业每辆车平均需要3~5h。

汽车面漆镀膜的施工工艺流程为:检查车况→清洗轮胎→洗车→过黏土→贴保护条→抛光及形成基础膜→镀展着剂→镀保护膜→烤膜。

漆面镀膜具体施工作业的工艺流程、使用材料及注意事项如下:

(1)洗车。

(2)过黏土。这一工序主要是为了去掉漆面上的一些细微毛刺,以利于下道工序的操作。用喷壶将清水喷至漆面,湿润后用黏土对漆面分块进行擦拭操作,擦拭的面积掌握在35cm×35cm左右,由发动机罩起从上往下按一般抛光作业的标准进行施工。

(3)贴保护条。对不需进行镀膜施工处用胶纸进行遮蔽。

(4)抛光。使用专用的抛光剂进行抛光盘。抛光作业时,抛光操作的每一道工序结束后必须将残留的抛光剂擦拭干净。

(5)镀展着剂。为了使汽车原有漆面能与下道工序所镀的保护膜结合的更好，用麂皮和清水将漆面冲洗干净，始终保持漆面湿润，使用干净的专用海绵在漆面上涂擦展着剂。涂布后用清水冲洗干净。

(6)镀保护膜。确认漆面完全干燥后，将保护膜倒在镀膜器上，均匀地涂覆于车漆表面。涂布时应按照同一方向平等涂覆，不得来回重复，横向与竖向各涂一次，逐步完成整车的操作。

(7)擦膜。保护膜涂覆完毕后，先用干毛巾擦拭一遍，然后再用湿、干毛巾配合将其擦拭两遍。必须把每道工序完成后所残留的保护膜及其漆面上的杂质彻底擦除干净，否则会影响漆面保护膜的完整形成。

(8)烤膜。将烤膜器与待烤漆面的距离保持在30cm左右，对漆面进行烘烤，当漆面温度达到50～80℃，再在距离漆面40～50cm处用烤膜器保温3～5min即可。按此操作工序逐步完成全车的烘烤工作。待烘烤后的漆面完全凉透后再用干毛巾仔细将镀过膜的地方擦拭一遍。烤膜时应保持漆面干净，不可粘有水分、脏污等。对于塑料部分要适当减轻烘烤强度，以防不当损坏。

第二节　汽车漆面小伤的恢复性美容

一　常见漆面处理用品简介

1. 研磨剂

研磨剂有普通漆研磨剂和透明漆研磨剂两种。

普通漆研磨剂中都含有坚硬的浮岩作摩擦材料，根据颗粒的大小，分为深切、中切和微切3类，主要是用于治理普通漆不同程度的氧化、划痕、褪色等。浮岩颗粒的主要特点是坚硬，研磨速度快。但因为这些颗粒一般不会在研磨中产生质变，所以用于透明漆时很快就会把透明漆层打掉。因此它们不适用于透明漆的研磨。

透明漆研磨剂以微晶物和合成磨料或陶土作摩擦材料，它们的切割功能依旧存在，但不像浮岩那样坚硬不碎。不仅适用于透明漆，它们同样适用于普通漆。

2. 抛光剂

抛光剂分为强力抛光剂、漆面还原抛光剂、快速抛光剂、玻璃抛光剂、多功能抛光剂等。

强力抛光剂是比研磨剂颗粒更细的研磨材料,能去除漆面较厚氧化层、划痕及喷涂时出现的"麻点"、"垂流"等。

漆面还原抛光剂比强力抛光剂的研磨颗粒更细一些,能去除漆面中度氧化层和轻度划痕。其所含油分在漆面抛光的同时还能渗入漆面内,补充失去的油分,起到护理增亮作用。

快速抛光剂比中度抛光剂的研磨颗粒更细一些,具有去除轻微氧化层和上蜡护理的双重功效,有增艳效果,又称增艳剂。

玻璃抛光剂能去除玻璃表面上沾染的沥青、油脂、昆虫尸体、污渍和发乌的氧化层等难以清洗掉的污渍。

多功能抛光剂能去除金属电镀表面、玻璃等硬质表面发乌的氧化层,使其恢复原有的光泽,并形成一层极光亮的保护膜。

3. 除锈、防锈剂

除锈、防锈剂常见的有汽车底盘隔声防锈剂、透明保护防锈树脂、二硫化钼防锈剂、特级防锈剂、干性防锈剂等。

汽车底盘隔声防锈剂是以橡胶为基本材料的一种防锈剂,用于汽车底盘的隔声、防锈处理,具有防腐蚀、隔声的效果。不可使用在汽车变速装置、油箱、转向轴、差速器轴、弹簧通气导管、制动器及任何可转动的部分。

透明保护防锈树脂可保护金属品,使其免于生锈、腐蚀。

二硫化钼防锈剂能在金属表面形成二硫化钼的保护膜,达到除锈、防锈、润滑的效果。

特级防锈剂适用任何需防锈的物体。

干性防锈剂是一种干性的防锈剂,能除去腐蚀,可与生锈部分产生氧化,使其永不再生锈。

二 汽车漆面的研磨

由于阳光中的紫外线、雨水和空气中杂质的存在，车身漆面在使用一段时间后会逐渐出现氧化层，用手抚摸车体时会感觉到表面开始有些粗糙，严重时会引起车体失光，给漆面打蜡也无济于事。此时，可采用漆面研磨的方法则可消除这一缺陷。

漆面研磨的工序如下：

（1）清洗。在整车清洗后，若个别部位仍有污渍，必须再用手工使用强力去污剂重点清洗一次。

（2）水砂纸打磨。对于漆面上砂石冲击后留下的划痕，要用 P1000 水砂纸蘸水包上小块海绵衬块，对其轻轻打磨至平整。

（3）粗、细研磨。研磨操作类似于汽车上蜡。用柔软湿巾或海绵蘸少许产品后按顺序在漆面擦抹，手部力量要适中，遇到漆面氧化程度较重或划痕较多处可反复擦拭，然后用毛巾清理干净。在使用中要根据车体的氧化程度、汽车涂料的类别来选择不同功能的研磨剂。例如对烘喷漆，应选用强力研磨剂较为合理；金属漆宜选用中切型研磨剂；玻璃漆由于漆面亮泽透明，漆色丰润，宜采用微切型研磨剂反复擦拭效果更佳，反之则可能造成无谓的损坏。

（4）注意事项。若采用多道研磨的工艺，则在进行细研磨之前，要用水彻底清除前道研磨程序中所使用的粗研磨膏的残液。

三 汽车漆面的抛光

1. 漆面抛光的作用

（1）依靠抛光剂与漆面产生的化学反应，让漆面显示出本身的光泽，达到镜面效果。

（2）汽车经过清洗以后，车身漆面上仍然会留有沥青、橘纹、飞漆、酸雨痕迹、氧化层、太阳纹细小伤痕等疵点，如这些缺陷较轻，则可采用抛光的方法去除。

(3)为漆面还原、上蜡做好准备。

(4)消除研磨造成的细微划痕(发丝划痕)。

2. 抛光剂、增光剂、还原剂和硅氧烷的选用

(1)抛光剂。抛光剂从实质上来说只不过是一种含颗粒更细的摩擦材料的研磨剂。抛光剂按摩擦材料颗粒或功效的大小分为微抛、中抛和深抛3种。微抛用于去除极轻微的漆面损伤,一般指几天内发生的环境污染及鸟粪等酸性侵蚀,但这类轻微损伤目前可使用含抛光剂的蜡来取代微抛;中抛和深抛主要是用来处理不同程度的发丝划痕。另外,中抛对透明漆的效果更好些,而深抛则对普通漆见效更快。

(2)增光剂。增光剂与抛光剂唯一的区别在于增光剂内含蜡或上光材料,而抛光剂不含蜡或上光材料。

(3)还原剂。所谓"还原",就是上蜡前的最后一道完善工序。还原剂可进一步完善研磨抛光等工作完成后所取得的效果。

(4)硅氧烷。在普通研磨剂、透明漆研磨剂、抛光剂和还原剂的产品说明上一般带有如"不含硅油(烷)成分"的字句,因为汽车修理厂的涂装工一般都注重选择不含硅油的研磨材料。硅氧烷是一种硅化的合成树脂,加到研磨材料中后,能起到抗水、抗高温和增光的作用,能较好地防止车身漆面氧化。但如果硅氧树脂未清洗干净或空气中有此物质飘落,喷涂时就会出现浮漆(涂料粘不上车体),甚至会出现"鱼眼",所以必须慎重选择此类研磨材料。

3. 需抛光处理漆面的辨别

车身漆面在平时使用过程中,会受到各种损伤,是否进行抛光处理需根据漆面情况判断。判断方法有两种:

(1)视觉分辨法。用肉眼观看漆面,当通过车身漆面能较为清晰地看到自己的影像时,说明漆面的镜面效果良好,不必进行抛光。当看到自己的影像呈模糊一片,只能分辨出一个大概的轮廓,则说明车身漆面需要抛光。当站在远离车身的位置,感觉车身很亮,而一旦走近时差别就非常明显,此时说明车身漆面有亮度但缺乏深度,也需要抛光。视觉分辨法适用于车身漆面着色较深的汽车，如红色、黑色和深蓝色。

(2)触觉分辨法。对于车身漆面着色较浅的汽车，可以采用触觉分辨法。在手指上套上光滑的玻璃纸(如烟盒上的玻璃膜)，然后在漆面上轻轻滑过，若手感有明显的凹凸，说明漆面粗糙，需要抛光。

4. 抛光盘的选用

抛光作业前应根据车身漆面受到损伤程度的不同，选用合适的研磨盘、抛光盘以及合适的抛光剂。切忌为了贪图快捷而使用过硬的抛磨轮和含金刚砂的粗蜡对车体进行打磨。这样做虽然表面看来见效较快，而实际上，由于工具和粗蜡的切削力强，很容易将漆面打薄，有时甚至会打穿漆面，露出底色。

目前抛光机经常使用的抛光盘有 3 种：羊毛盘、粗质海绵盘和柔软海绵盘。羊毛盘和粗质海绵盘适用于研磨抛光场合，而柔软海绵盘的抛光面大都做成凹凸有序的波浪形，有利于精细抛光，且在工作时工作液不易飞溅，抛光后能使漆面形成光洁如镜的效果，抛光作业时一定要区分使用。

5. 漆面抛光操作

(1)选择好抛光剂和抛光盘。不论是哪种抛光盘，在使用之前，都必须在清水中浸泡、湿润，并且用手把抛光盘吸附的水分挤掉，然后再起动抛光机空转 5s，将多余的水分甩净。把抛光剂摇匀，倒在抛光盘上，用抛光盘在漆面上均匀涂抹，把喷壶出水调节成雾状，喷少许水在上面，涂抹方向为沿车身方向直向涂抹。

(2)先把抛光机转速调节到 900 ~1600r/min，进行扩散性抛光，然后再将转速调节到 1900 ~2500r/min，进行降低表面粗糙度值的抛光。但是抛光机转速的调节要视从业人员的操作熟练程度而定，如操作不够熟练，应该选择较低的转速，以免磨坏漆面。起动抛光机后，两手握紧抛光机的握把，沿车身方向来回移动，抛光盘经过的长条轨迹之间要相互覆盖 1/3 左右。

(3)先从车身顶篷开始抛光,再抛光后行李舱、后翼子板、后保险杠、两侧车门、发动机罩、前翼子板、前保险杠。

(4)抛光时要使抛光盘平面与被抛光的漆面始终保持成一个小角度(为5°~15°),并掌握好力度。

(5)车门、车裙等无法用抛光盘抛光的部位可用手工抛光。先用超能开蜡剂均匀喷敷,软毛巾擦拭,再将抛光剂涂抹其上,用软毛巾擦拭抛光。

(6)如遇到车身漆面处有轻度划痕和中度划痕时,可将抛光剂涂于划痕处,抛光时沿着与划痕垂直或斜交的方向反复进行抛光。

(7)抛光时,应按一定的顺序,不可随意进行,抛光时应每小块做一次处理,不可大范围喷敷、抛光。

(8)在抛光时应不断保持抛光盘和漆面处于常温状态,在漆面温度升高超过20℃时要对研磨的漆面喷水降温。

(9)不要对保险杠、标志牌、车门把手和其他可能缠绕住抛光盘的部位进行作业。这些地方可以采用手工方法抛光,用干毛巾蘸抛光剂抛光。把整个车身有漆面的地方全部做完,注意边角、棱角,不要用力抛光,因为这些地方涂膜较薄。

(10)漆面抛光完成以后,再将整个车身外部用清水洗净擦干,彻底洗去残留的抛光剂。抛光作业完成后,车身应没有遗漏的地方,漆面色泽一致,无明显旋纹和划伤。

(11)研磨抛光作业完毕后,必须彻底清洁抛光研磨时留下的残渣,然后才进行下一步的精细抛光。

抛光作业时的操作顺序如图4-1所示。

按照"左车顶→左发动机罩→左前翼子板→左前车门→左后车门→左后部→左行李舱盖→右行李舱盖→右后部→右后车门→右前车门→右前翼子板→右发动机罩→右车顶"的顺序对汽车进行抛光操作。抛光车顶时,可打开车门,在车门边垫上毛巾,站在门边上操作。从业人员根据自己的习惯,也可以按从右自左的程序进行操作。

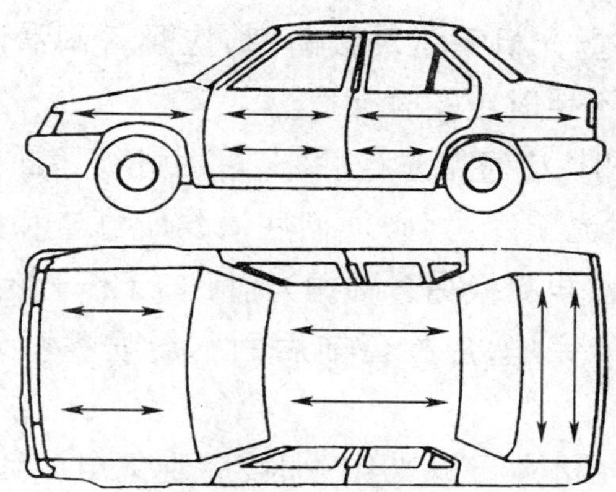

图 4-1　轿车抛光作业操作顺序示意图

6. 漆面抛光的注意事项

(1)抛光剂使用前应用力摇匀。

(2)对于大面积的部分,如全车抛光等场合,因研磨抛光剂会干燥,不宜一次性地全面涂布,而应分次涂布,分别研磨抛光。

(3)在作业中应经常检查抛光盘,以免研化的研磨抛光漆渣形成结焦,擦伤涂膜。如遇有结焦情况,可使用钢丝刷清洁抛光盘上的漆渣,必要时还可更换或拆下清洗。

(4)使用抛光机进行研磨抛光时,用力不可太大,并且要保持连续不断地移动抛光机,不可停留在一个地点,否则会导致研磨过度,不仅把面漆磨去,亦可能把底漆磨穿,或者因过热把涂膜烧焦。抛光机在开机和关机时禁止接触工作表面,在抛光机完全停止以前,不要放下抛光机。

(5)对于边、角、凸起部分及涂膜有可能被磨穿的部位,应事先以防涂皱纹胶纸带贴好、遮蔽,等机械抛光完毕,取掉胶纸带,再用手工进行局部抛光。

(6)在一块漆面上的研磨时间,以漆面光滑度和亮度与研磨前相比有明显改善为准。

(7)在抛光作业前,应对抛光区域内以及抛光作业中可能触及的车身装饰胶条、门把手、刮水器喷嘴、门及窗的装饰电镀边和胶饰条等物件进行遮蔽,最好贴上双层防涂皱纹胶纸带。

(8)使用气动抛光机等气动设备时,应配备润滑油壶,并且随时注意壶内润滑油量,不足时应及时补充。

(9)研磨抛光时,应遵循先粗后细,最后进行镜面处理的先后顺序。每完成一道研磨抛光工序后,必须彻底清除研磨渣和残蜡,并用空气清洁枪吹净边缝部位,再更换另一种抛光盘,进行下一步抛光作业。

(10)上蜡抛光完毕,应检查前后刮水器喷嘴有无堵塞,是否喷水良好。

(11)使用抛光机进行抛光作业时,应避免电源线或高压空气软管擦伤车身漆面。

(12)操作必须在室内进行,避免风砂落在漆面造成划伤。

(13)为防止设备锈蚀损坏,每次作业结束,所有抛光盘应在下次使用前清洗干净、平整,确保没有残留的颗粒。使用时如果发现抛光盘上有固体污垢,要用软毛刷清洁。使用后,应马上将盘清洗干净,同时将抛光盘拆卸下来,在阴凉地方风干,并与抛光机分开存放。

(14)由于抛光时抛光盘高速旋转,所以操作抛光工具时禁止佩戴手套。

四 汽车漆面划痕的处理

汽车漆面划痕根据其深浅程度不同分为浅度划痕、中度划痕和深度划痕。未伤及色漆层的划痕可称为浅度划痕。深到底漆,但未划破底漆层的划痕称为中度划痕。已经划破底漆层甚至露出金属底材的划痕叫深度划痕。如图4-2所示,A、B、C分别为浅度划痕、中度划痕和深度划痕。

1. 漆面浅度划痕的处理

漆面浅度划痕的处理工艺如下:

(1)清洗。首先应确认车体漆面没有受到严重的刮伤,然后对车身表面用脱蜡洗车液彻底清洗。

(2)研磨。根据漆面受损情况选择研磨剂进行研磨,当使用研磨机

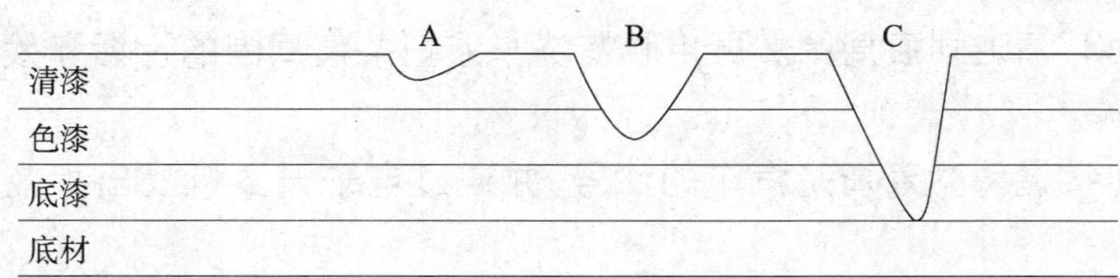

图4-2 漆面划痕类型

进行研磨时，应采用1200～1500r/min转速挡，按与划痕成垂直方向左右移动逐渐向前推进，通过研磨将漆面的氧化膜除掉后用快干清洁剂清洁。

(3)调整纹理。将水溶性抛光粗蜡涂于海绵球表面，将抛光机的转速调至1600r/min左右，再将研磨范围扩大至处理部位以外研磨一遍，以调整涂膜纹理。

(4)抛光。将水溶性抛光细蜡加少许水，均匀涂抹在需抛光部位，改用羊毛球，抛光机选中高速(1900～2200r/min)，将原先研磨产生的细纹去除，并使漆面产生光泽。在抛光过程中应尽量使羊毛球保持湿润，防止因过热而损伤漆面。

(5)上蜡。最后进行上光封闭保护，用水溶性涂膜上光保护蜡和细海绵球将蜡均匀涂在车身表面，10min后再用洁净的羊毛球进行抛光。

(6)注意事项：

①研磨、抛光1遍后若无成效，可进行第2遍或第3遍，直至抛光剂呈干沫状。

②抛光后，如能用红外线烤灯对漆面微微烘烤后再抛光一次，则效果会更佳。

③在施工中应注意的是，要正确分辨涂料，选用不同功力的研磨剂进行处理。

2. 漆面中度划痕的处理

(1)清洗。用脱蜡洗车液把车体表面的划痕清洗干净。

(2)涂漆。用毛笔、漆笔或喷枪将底漆均匀地涂于条痕处，涂2～3层。

(3)清洁划痕周围。再用脱蜡洗车液把条痕周围的污垢和残蜡彻底洗掉。

(4)调漆。查清楚汽车的漆号,并通过电子调漆机找出相应的条痕漆。

(5)喷漆。用喷枪将调制好的漆先试喷在废金属板上,直到喷射均匀后,把喷枪移近到距条痕大约33mm的地方,开始喷漆;每隔3min左右喷一次,直到把条痕全部填平为止;然后把溅出条痕的油漆擦掉。

(6)研磨、抛光、上蜡。漆干后,用研磨剂将新喷的漆面磨平;之后,将经研磨后变色的研磨剂洗掉;再用还原剂进行还原,并用防静电海绵清除残留物;最后,涂上保护性上光蜡。

第三节　汽车其他部位的美容及维护

一　汽车玻璃的美容及维护

通过汽车玻璃美容与维护可去除玻璃上的氧化物、污垢、油垢等,使之保持清洁光亮。冬季时玻璃可防冰冻、防雾。汽车玻璃的美容与维护方法如下:

(1)玻璃清洗。使用玻璃清洁剂去除玻璃表面上沾染的沥青、油脂、昆虫尸体、污渍和发乌的氧化层等较为顽固的污渍。其操作方法是将玻璃清洁剂喷涂到玻璃制品表面,然后进行擦拭,最后用水清洗并擦干即可。

(2)防雨处理。将少量玻璃防雨剂倒在抛光巾上,按逆时针画圈的方式涂拭到玻璃表面,晾干2~3min,用干净的抛光巾抛光后,再按上述方法重复一遍,即可完成玻璃的防雨护理。

(3)防雾处理。将玻璃防雾剂倒在抛光巾上,按逆时针画圈的方式涂拭到玻璃表面,晾干5min后,即可抛光。为加强效果,可再按上述方法重复喷涂抛光一遍。

(4)除冰处理。冬季行车时,风窗玻璃上积有冰雪,会影响驾驶人驾驶。此时,可选用风窗玻璃除冰剂进行除冰雪处理。该产品能使玻璃表面上的积雪、冰层、浓霜等很快融化,还能去除聚乙烯和镀铬制品表面上的油雾、砂石和尘垢。该产品能保证在0℃以下进行喷洒,对汽车无损害。使用时,只需将该产品直接喷洒到待处理表面上,待冰融化后擦拭干净即可。

二 灯具的美容及维护

对于汽车灯具的使用维护,除了对前照灯的检查外,还应经常检查其他灯系,如转向灯、牌照灯、示宽灯、驻车灯、倒车灯以及制动灯(包括中间高位制动灯)等。另外,还要特别注意检查雾灯,因雾灯一般安装在汽车上较低的位置,因此极易受到石块的损伤,在对其进行维护时,除了检查照明系统本身外,车灯镜头的裂纹也不应被忽视。

三 保险杠的美容与维护

保险杠的作用是保护汽车前部的覆盖件免受刮碰或减少撞击对汽车的影响。当汽车遇到低速冲撞时,保险杠能通过吸收冲撞力而起到一定的保护车体的作用,并且还不会损坏保险杠本身。

1. 保险杠的损伤特点

(1)容易出现划痕。保险杠大部分都是用塑料制成的,安装在车的前端和后端的下部,是车身前后最突出的部位。在行车中,容易受到刮碰和砂粒的冲击,从而使保险杠的外部出现不同程度的划痕损伤。

(2)与车身面漆不一致。保险杠等塑料件上喷涂的面漆,一般与车身面漆不同,在损伤后修补时要使用相同的塑料件面漆。在局部修补时,容易出现面漆色泽的差异。为消除这一现象,往往采用把保险杠的面漆全部重新喷涂一遍的方法,以使色泽保持一致。

(3)对包括保险杠在内的汽车塑料件进行美容时,必须根据塑料件的种类、涂层、涂料性质,采用相应的措施进行。

2. 保险杠的美容护理

(1)清洗。选用"万用清洁剂"对保险杠的涂膜进行清洗。其方法是将本产品直接喷涂在保险杠表面上,使泡沫停留约1min,然后再用干净的抹布将其擦拭干净。

(2)亮光蜡护理。亮光蜡能在涂膜上形成保护膜,可有效防止氧化、酸雨和雨水的侵蚀,且光亮持久、品质稳定,还能使涂膜不粘土。其操作方法是将亮光蜡直接均匀地喷涂在清洁而干燥的保险杠涂膜上,即可达到保险杠护理美容的目的。

(3)维修翻新美容。当保险杠的涂膜在使用中受到了损伤,甚至穿透底漆层,但尚未使保险杠塑料件断裂时(塑料件断裂,可采用塑料焊接或粘接法进行修复),可根据保险杠的材质,采用相应的涂膜修复工艺进行修复,然后进行美容护理。具体方法如下:

①聚丙烯保险杠涂膜修复的喷涂工艺过程。打磨涂层损伤部位,使其形成薄边→喷涂聚丙烯底漆并干燥(整个保险杠)→涂敷环氧树脂黏性填充剂并干燥(损坏部位)→打磨修理损坏的部位→喷涂聚丙烯底漆并干燥(修理部位)→喷漆面漆→喷涂清漆并干燥→打磨抛光。修复后的保险杠,应进行擦洗并干燥,然后选用亮光蜡进行美容护理。

②尿烷(聚氨基甲酸酯)保险杠涂膜的修复喷涂工艺过程。清洗(用硅溶剂清洗需要修理的部位)→打磨形成薄边→去油污清洗→喷涂腻子并干燥→打磨腻子,使之平整→去污清洗并干燥→喷漆面漆并干燥→打磨平滑→清洗并干燥→喷涂清漆层并干燥→打磨抛光、清洗并干燥。

四 车轮的美容及维护

1. 车轮美容

(1)金属轮辋美容。制动器在制动过程中,制动块与制动盘相互摩擦所磨下来的炭粉覆盖在铝合金轮辋的表面。铝合金轮辋在运行过程中所散发的热量会使炭粉在铝合金轮辋表面结焦,时间一久,就变成了一层深咖啡色的坚硬表层,这层外表一般很难洗净。在清洁时,应使用强力的轮辋清洁剂,喷上专用清洁剂之后,稍等5min左右,让溶剂软化结焦之后,以海绵或粗布刷掉,然后再用清水冲洗。若有需要可多遍清洁,以彻底去除结焦。

(2)轮胎的美容。汽车在使用过程中会造成轮胎橡胶失光,轮胎将失去原有纯正的黑色,而呈现灰黑色,受到侵蚀的橡胶极易老化、变硬,失去原有的弹性及耐磨性。因此,汽车轮胎要定期进行美容处理。轮胎美容操作方法为:首先在轮胎清洗擦干后风干10~15min,或用压缩空气进一步吹干,以去除表面潮气。再使用汽车专用的轮胎翻新剂,可喷涂也可直接用无纺布、软毛巾涂抹,均匀擦拭,晾干后轮胎就会显出其黑亮的本色。当使用喷雾式的轮胎保护剂,喷上之后,短时间会在胎壁形成白色泡沫,几分钟之后就会自行消失,轮胎变得又黑又亮。

2. 车轮维护

轮胎的平均寿命约为50000km,但使用、维护的状况会对其寿命有很大影响。

(1)金属轮辋的维护。天天都在使用的车辆至少每个星期要洗刷一次轮辋,先用清水冲湿之后,再用清洁剂以海绵刷洗,然后再用大量清水冲净。

(2)轮胎清洁。应经常对轮胎进行清洗。

(3)保持正常胎压。胎压过高或过低都不利于轮胎的使用。因此,要养成定期检查胎压的习惯,并按厂家要求保持轮胎的标准气压,包括备胎气压。标准的轮胎气压一般都标在加油口盖的内侧或车门的侧面。汽车使用手册上推荐的轮胎压力一般是针对冷却的轮胎而言的。

(4)进行轮胎动平衡。轮胎一旦出现不平衡状况,应尽快查明原因。应定期做轮胎的动、静平衡检查并加以调整,不仅可延长轮胎寿命,而且还能提高汽车行驶时的稳定性,避免在高速行驶时因轮胎摆动、跳动失去控制而造成交通事故。

(5)四轮定位。如果前、后车轮受到较大的碰撞或其他外力,车轮定位可能受到破坏,会出现车辆跑偏或颠簸,以及轮胎胎冠的不均匀磨损。若出现上述现象就应立即做车轮四轮定位检查,确保车辆的正常行驶。

(6)进行轮胎换位。4 个轮胎上的载荷并不均等,往往前轮胎磨损较大,轮胎定期换位是一种很好的解决办法。新车轮胎换位间隔一般为150000km,以后每行驶 10000km 进行一次轮胎换位。

(7)轮胎更换。如果汽车轮胎的磨损程度过大,当轮胎上的胎纹低于1.6mm时,就应该及时更换。

五 车身沥青处理

一般城市道路大多以沥青与石子混合铺成。在炎热的夏季或车辆途经正在进行沥青路面铺设施工的道路时,就容易发生沥青飞溅附着在车身的情形。此外,到了雨天,一些质量较差路面的沥青也会随着车轮或其他车辆而溅到汽车上。这些附着在车身上的沥青颗粒不仅影响汽车的美观,而且如不及时清除,还会对漆面造成损伤。车身沥青处理的基本程序如下:

(1)涂抹沥青清洁剂。在干净的布上蘸一点汽车专用的沥青清洁剂,轻轻涂抹在沥青处。

(2)擦拭。待车身上的沥青溶解后用干净的布擦拭溶解后的沥青,如此时仍未能完全溶解,则可再次使用沥青清洁剂将其溶解。

(3)清洗。将附着沥青的汽车表面擦拭干净后,要立即用清水把该处清洗并擦拭干净。

(4)上蜡。对全车或刚才清洗过沥青的局部上一次蜡。

特别要注意的是,在清洁车身上的沥青时千万不可使用与乙二醇基有关的溶剂,如汽油、酒精、制动液等,否则会对车身上的烤漆造成损害。

第五章 汽车装饰

汽车装饰是通过增加一些附属的物品，以提高汽车表面和内室的美观性的过程。所增加的附属物品，称为装饰品。

根据汽车被装饰的部位不同，可分为汽车外部装饰和汽车内室装饰。汽车外部装饰主要是对汽车顶盖、车窗、车身周围及车轮等部位进行装饰。汽车内室装饰简称汽车内饰，主要是对汽车驾驶室和乘客室进行装饰。

第一节 车窗贴膜

汽车防爆太阳膜主要贴在车玻璃上，可起到创造最佳美感、提高防爆性能、隔热降温、保护内饰等作用。

一 车膜的基本结构

不同的车膜结构差异较大，即使同为防爆车膜，由于生产厂商不同，其结构也不尽相同。防爆车膜的基本结构如图 5-1 所示，其中金属涂层主要反射和阻挡红外线及能产生大热量的波长范围的光线，实现隔热、隔紫外线功能。

二 车膜的安装

汽车防爆车膜的粘贴施工要求较高，必须按特定工序进行，常用工具如图 5-2 所示。其基本步骤如下：

(1)外部清洗。从乘客前侧门的位置开始以顺时针方向，清洁每块玻璃的外表面。清洁时要使用专门的玻璃清洁剂，在清除灰尘同时，还

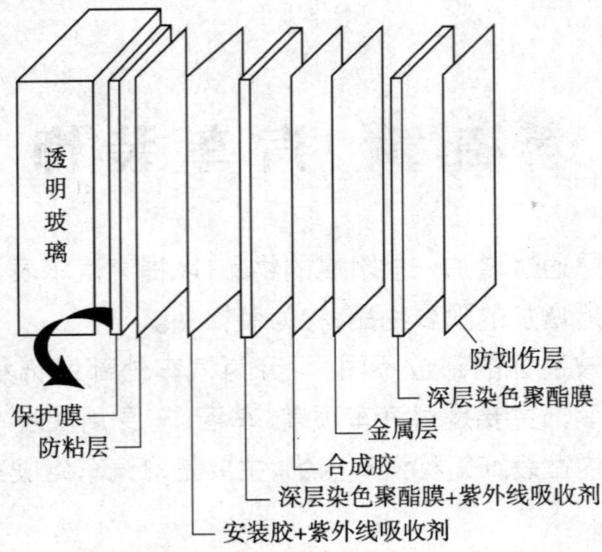

图5-1　防爆车膜结构示意图

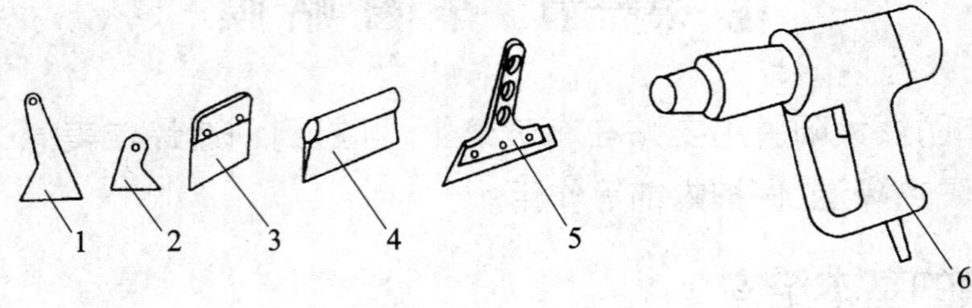

图5-2　贴膜常用工具

1-大塑料刮板;2-小塑料刮板;3-钢片刮板;4-橡胶刮板;5-超级刮板;6-热风枪

要求彻底清除玻璃上附着的污物。

(2)轮廓裁切。在车窗玻璃外表面上喷洒少量的车膜安装液,把车膜覆盖其上,剥离膜朝外,小心地滑动定位后,开始沿边框四周裁剪窗膜的大小。

(3)热定形。由于几乎所有玻璃窗都有轻微的球形弯曲,妨碍车膜在玻璃上铺平,这种现象被称作皱褶。可采用便携热风枪把车膜精确地收缩定形于大部分车窗的复合曲面上,消除在曲面上出现的皱褶,使车膜外观更舒适漂亮。

(4)玻璃内表面清洗。当裁切和热定形完成后,玻璃的内表面必须采用液体清洗剂清洗处理。可用铲刀刮铲粘污物,再用尼龙软擦片擦洗油迹,边框用软布和擦洗纸擦干净,恢复玻璃表面的干净状态。

(5)剥离保护膜。玻璃清洗完成后,撕去车膜的保护膜,用安装液喷洒暴露的安装胶。使胶临时失去黏性,可以让车膜在干净的玻璃内表面平稳地滑动。在车膜的粘胶表面喷洒安装液后,玻璃内表面也需同样喷洒安装液。

(6)车膜的铺贴。随着保护膜的剥离和安装液喷洒在玻璃与车膜的粘胶层上,将车膜小心地滑移到位。

(7)挤水工艺。车膜滑移到位后,应立即在车膜表面再次喷洒安装液,润滑需挤水的表面。使用专用的挤水工具可以排除所有"气泡"和尽可能多的安装液。在几天后驻留的水分会慢慢地透过车膜而排除,车膜干燥的时间依赖于气候、湿度、车膜的结构和挤水后残留水分的多少。

(8)边部检查。检查车膜的所有边缘,并用刮板挤封。所有边缘必须挤封,以免在固化期间空气、水分、灰粒从边部渗入车膜底下。挤封工具的边部用薄吸水材料(纸巾或棉布)包覆以吮吸挤出的水分。

(9)最后清洁和检查。安装工作完成后,仔细地擦洗所有的车窗玻璃内表面和外表面,去除条纹水迹和污迹,排除气泡、水泡或微小的地毯纤维。把汽车擦净后驶到室外,实现最后的视觉检查。

(10)移交。在日光下检查有无缺陷后,准备提交汽车给客户,并向客户解释基本的维护。

三 粘贴车膜的注意事项

(1)使用专用无尘贴膜间。

(2)使用贴膜专用工具。

(3)使用专用化学药水。贴膜应使用专用贴膜清洗液和安装液,并用纯净水稀释,使玻璃达到最佳清洁程度。如果使用家用清洁精、普通皂液和自来水,则不能保证安装质量。

(4)注意安装工艺技术。专业的贴膜师应经过生产厂商技术培训,贴前后风窗玻璃时应采用整张铺贴和热定形工艺，太阳膜应最大化地贴到玻璃窗的边缘等。

(5)注意安装时防护措施。贴膜时应该采取防护措施，防止在安装过程中刮花漆面、损伤车内装饰品、造成车内电器和音响因受潮而短路失效等。

第二节　汽车外部其他装饰

一　汽车车身彩条及保护膜粘贴

汽车车身是一件精致的综合艺术品，以其清晰的雕塑形体、优雅的装饰件以及悦目的色彩使人获得美的感受，点缀人们的生活环境。

1. 汽车车身彩条粘贴

车身彩条贴膜有两种类型：一是没有可撕离表层的贴膜，它由彩条层和背纸层组成，彩条层正面是彩条图案，背面是黏性贴面；二是有可撕离表层的贴膜，它由背纸层、彩条层及外保护层组成，彩条层也是有彩条图案和黏性贴面两面。车身彩条结构如图5-3、图5-4所示。

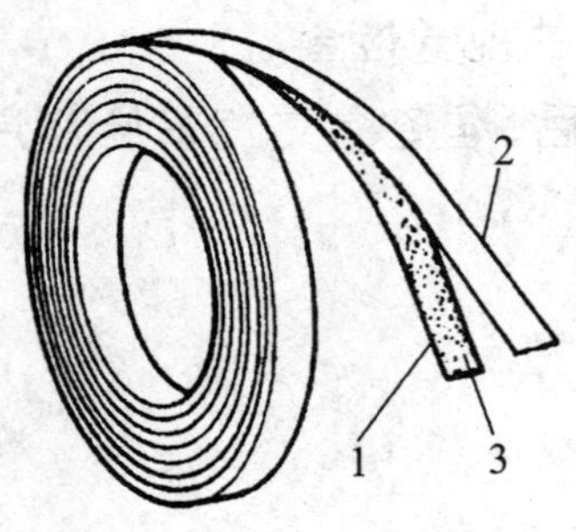

图5-3　没有可撕离表层的车身彩条

1-彩条图案;2-背纸;3-黏性贴

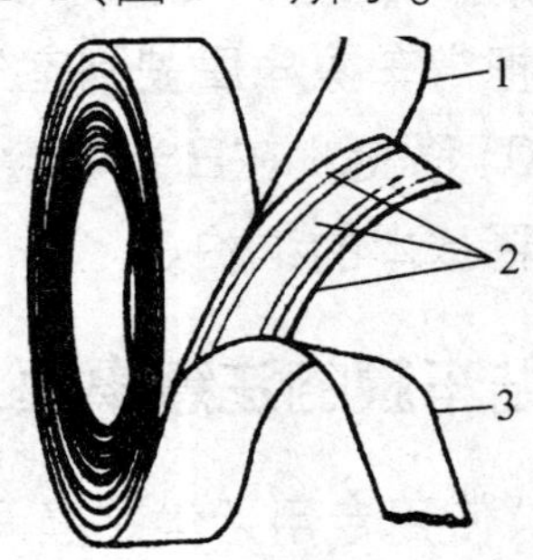

图5-4　有可撕离表层的车身彩条

1-背纸;2-彩条图案;3-保护层

车身彩条装饰步骤如下：

(1)选择彩条。在众多的车身彩条中，应选择适合本车型需求又优质鲜艳的彩条作为装饰彩条，这种选择既是艺术水平和欣赏水平的体现,也是装饰者个性的体现。

(2)装饰前的清洗。在车身外表需要装饰的部位,用专用清洗剂进行手工清洗,为了使彩条正常地贴上去,车身表面必须没有灰尘、蜡和其他脏物。必要时,还应进行抛光处理。为装饰彩条施工做好准备,以便保证施工质量。

(3)装饰彩条的施工。将彩条的衬纸撕掉,按要求的部位把彩条粘贴上。在粘贴过程中,边贴彩条,边用手对彩条进行贴压,排尽彩条与车身表面间的空气,彩条与车身漆膜之间,不允许有空隙、气泡及异物存在。彩条粘贴后,必须平整、光滑,不允许有皱褶。彩条张贴示意图如图5-5所示。

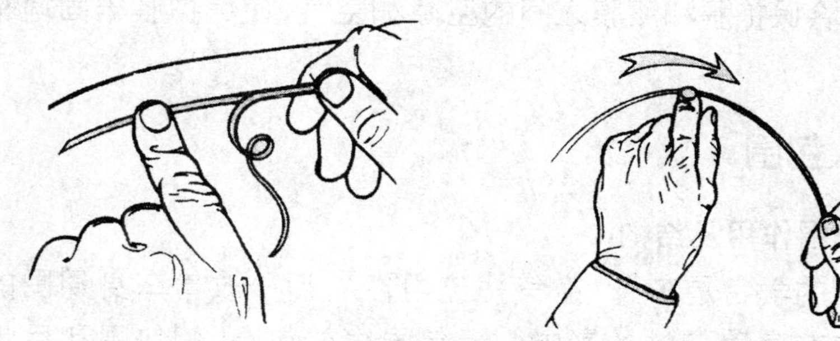

图5-5　车身彩条粘贴示意图

2. 车身表面保护膜(犀牛皮)粘贴

汽车车身表面保护膜用于保护车身易受擦撞的部位表面,当受到轻度擦撞时,不至于使漆膜受到刮伤掉漆,保护膜具有超强韧性,无色透明,常用于保险杠、发动机罩、前后车门、后视镜等部位的保护。车身表面保护膜是一种透明树脂,因为像犀牛皮一样坚韧,故被业界称为"犀牛皮"。图5-6为车身易受碰擦部位示意图。

车身表面保护膜的装贴方法如下:

(1)选择保护膜。

(2)清洗装饰部位,用清洁剂清洗需要装饰的部位,清除油污、尘土及异物等,使表面清洁、干燥。

(3)撕掉保护膜衬纸,将保护膜平整地粘贴到车身表面上。

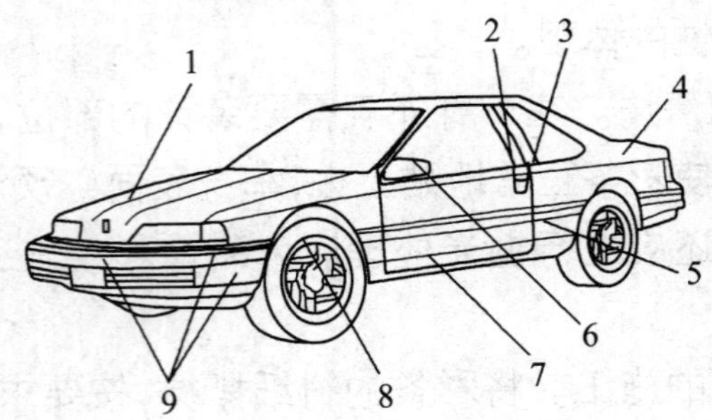

图5-6　车身易受碰擦部位示意图

1-发动机罩前缘受碎石撞击;2-车门把手内缘易剐伤;3-钥匙孔易剐伤;4-行李舱盖两侧易剐伤;5-车门边缘易擦伤;6-后视镜外缘易擦伤;7-车身裙部受碎石撞击;8-轮弧前缘受碎石撞击;9-前后保险杠擦伤

(4)消除保护膜和漆膜之间的空隙和空气,使保护膜牢固地粘贴在车身上。

二 车身大包围

1. 大包围作用及结构

大包围的学名是车身"空气扰流组件",用于改善车身周围的气流对于运动中车身稳定性的影响。大包围由前包围、侧包围和后包围组成。如图5-7～图5-9所示。

2. 大包围的制作材料

大包围的制作材料有塑料和玻璃钢两种。前者是各名牌汽车改装厂的主要生产材料,因为塑料可进行细微的成分和性能调整,且成形性好,这些优点使塑料大包围套件的质量相对较高。但是塑料成形所需的模具、生产设备要求高、价格昂贵,所以产品售价高、款式变化少也是塑料大包围不可摆脱的缺憾。相反,使用玻璃钢的改装套件,虽然在细腻程度等方面不如塑料件,但因为制作方便,模具和生产设备要求不高,所以多数生产商首选玻璃钢作为生产大包围的材料。

图5-7　前包围

图 5-8　侧包围

图 5-9　后包围

三 车身局部饰件

1. 金属饰条

目前的金属饰条主要分为镀铬、金属铝片、钢片冲压等材料。它主要用于灯眉、灯尾、后门装饰条等部分，增强车的金属感。

对于加装金属饰条，可将 3 种金属装饰结合起来灵活运用。比如后视镜等醒目的部分用镀铬；迎宾踏板等对抗压性要求高的部位，则可以采用钢板冲压的金属；而扶手箱等次要位置则可用喷涂金属色，增强全车的金属感。

2. 车轮饰盖

车轮饰盖一般是用塑料粒子经注塑机注塑，再在表面用油漆涂装形成，如图 5-10 所示。车轮饰盖能烘托整车的造型美，更能让用户加深对轿车品牌概念的理解。

车轮饰盖是安全件，除了外观装饰，更有其安全特性。车轮饰盖靠不锈钢钢丝卡簧和固定夹固定在车轮轮圈上，合格产品须经过制造商的拆卸力测试，以确保产品安全性。在选用时要注意饰盖的装配性，如果卡口不紧，弹簧材料不过关，则易导致饰盖脱落，特别是在高速行驶中，脱落饰盖对于行车、行人都是相当危险的。

图 5-10　车轮饰盖

3. 导流板与扰流板

汽车在行驶过程中会受到来自于纵向、侧向和垂直 3 个方向的空气阻力。

为了减少轿车在高速行驶时所产生的升力,汽车设计师除了在轿车外形方面做了改进,将车身整体向前下方倾斜而在前轮上产生向下的压力,将车尾改为短平,除减少从车顶向后部作用的负气压而防止后轮飘浮外,还在轿车前端的保险杠下方装上向下倾斜的连接板。连接板与车身前裙板连成一体,中间开有合适的进风口加大气流度,减低车底气压,这种连接板就是导流板,如图 5-11 所示。导流板可限制空气流过下部车身,使前部的车轮不致抬起。

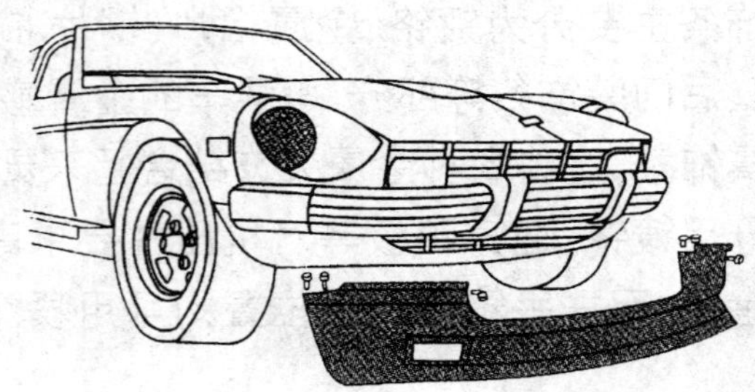

图 5-11　导流板

扰流板也称为"尾翼",多见于运动型轿车和跑车上,如图 5-12 所示。扰流板的主要作用是减少车辆尾部的升力,如果车尾的升力比车头的升力大,就容易导致车辆过度转向、后轮附着力减小以及高速稳定性变差。扰流板改变了车身后端气流的方向,减少了气流的阻力,可阻止后部车轮抬起。但是在安装扰流板的同时风阻也会增加,这就要求在安装时必须权衡利弊,综合考虑。

图 5-12　扰流板

另外,有些汽车会加装"无盲点"后视镜、装饰性车灯、汽车尾梯、晴雨窗罩、行李架、静电带、防撞胶等,改善汽车安全性能的同时,又能美化汽车。

第三节 汽车内部装饰

一 座椅装饰

在汽车内装饰中,座椅的装饰是相当显眼的一部分,对汽车整体的装饰风格有非常大的影响。汽车座椅的装饰主要是集中在表皮层,主要是对表皮层材料的选用和加工制作。不管是选择皮套还是布套,要掌握两大原则:一是舒适,二是美观。

1. 真皮座椅

真皮座椅有传统式皮椅和椅套式皮椅两种。所谓传统式,是指换装真皮椅前,需将原有的绒布座椅拆除,然后再重新缝制一层真皮。椅套式,是指一种已经制好的皮椅套,只需将它往坐椅上一套即可,拆装自如、售价相对便宜。

安装真皮汽车座椅时,要注意的是:

(1)要仔细鉴别座椅的皮质。汽车专用真皮皮面光滑,皮纹细致,色泽光亮柔和且无反光感,手感滑爽而富有弹性。其厚度应均匀,为1.3~1.6mm,只有此种厚度才能保证弹性和耐久性。

(2)要鉴别安装的是座椅还是座套。

(3)看工艺与缝制质量。牛皮座椅制作过程中,需用原车的座套制板,根据板形缝制座套。板形如何,很大程度上决定着真皮椅套缝出后是否得体、好看。缝制质量非常重要,从表面能看到的只有明线和"做缝",明线必须横平竖直,"做缝"要在3mm以上。

2. 布艺椅套

椅套按材料可分为化纤、棉混纺、纯棉、丝绒、裘毛几种,可据车型的座椅结构和个人爱好来进行设计,量身定做。选择椅套要注意颜色和汽车的颜色要搭配,尤其和仪表台、地板和门板的颜色要和谐。

二 车内饰品加装

1. 汽车坐垫

按材质不同坐垫可分为纯毛坐垫、混纺坐垫和帘式坐垫三类。纯毛坐垫具有乘坐舒适、柔软度好、透气性能优良等特点,可防止车室静电产生,但价格较高。混纺坐垫根据参与编织的原料不同,可细分为棉麻混纺坐垫、棉毛混纺坐垫等。其中棉麻混纺坐垫具有透气性能优良、韧性强、易于日常清洁护理等特点,但若护理不当会变黄,影响视觉效果。混纺坐垫含棉毛量越高,其柔软程度越好。帘式坐垫一般用硬塑制品或竹制品串联而成,其透气性极佳,可在高温季节或车室空调环境不良的情况下使用。

2. 头枕

头枕应该安装在至少与耳朵上沿平行的地方或者乘员头下8~9cm的地方。后脑与头枕之间的间距越小越好,最好不要超过16cm。

3. 地胶、脚垫

购买新车之后,大多数人都会在座椅底下铺上一层防水、易擦洗的保护物,即地胶。地胶分为手缝和成形地胶两种。成形地胶是一次性压制成的,中间无缝,防泄漏性好,但遇凹凸大的车内地面时,美观性就差一些。一般地胶是用3mm厚的橡胶制品做成的,颜色有灰色、米色、黑色。手缝地胶平整度好,可挑选的颜色较多,同样能有效防止灰尘等杂物进入地毡,但防水能力稍差一些。

4. 遮阳板

遮阳板折叠的比较好用,停车时,打开放在前风窗处,可保护仪表板,也可使座椅不至于太烫。若是侧晒或是车尾对着太阳,则放在后风窗或侧窗处。

三 汽车安全防盗装置

汽车防盗装置按其结构可分为机械式、电子式和网络式三大类。

1. 机械式防盗装置

机械式防盗装置是采用金属材料制作的各种防盗锁具,包括转向柱锁、转向盘锁、变速杆锁、踏板锁(离合器踏板锁、制动踏板锁)、车轮锁等,其结构如图5-13所示。使用时,通过这些防盗锁具锁住汽车的操纵部件,使窃贼无法将汽车开走。该类防盗装置简便易行、价格便宜,缺点是不能报警。

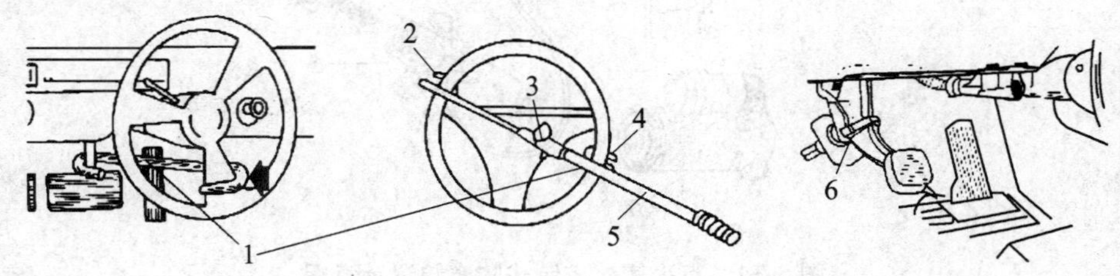

图5-13 机械式防盗装置

1-转向盘锁;2-锁栓;3-锁;4-锁栓;5-锁杆;6-制动踏板锁

2. 电子式防盗装置

电子式防盗装置也称微机防盗装置,主要有插片式、按键式和遥控式等几种。电子式汽车防盗装置按驾驶人控制方式分为钥匙控制式和遥控式两种。钥匙控制式防盗装置用钥匙将门锁(或点火锁)打开或锁止,同时将防盗系统设置或解除。遥控式防盗装置能够远距离控制门锁的打开或锁止,也就是远距离控制汽车防盗系统的防盗设置或解除。

(1)点火钥匙控制式防盗装置。点火钥匙控制式防盗装置如图5-14所示,点火钥匙控制式防盗装置是通过点火钥匙控制发动机起动,其工作原理是:点火钥匙上装有一片芯片,每把钥匙所用的芯片有一特定阻值,其范围在380~12300Ω之间。点火钥匙除了像常规钥匙那样必须与锁体匹配之外,其编码还要与起动机电路的编码吻合。当点火钥匙插入锁体时,芯片与电阻检测触点接触。当锁体转到起动挡时,蓄电池电压便送至解码器模块。除此之外,钥匙芯片的电阻值也送至解码器模块。芯片将钥匙的电阻值与存储的电阻值相比较,如果它们一致,就接通发动机电路,并发信号给ECM,ECM起动燃油输送。若钥匙芯片的电阻值与存储的电阻值不一致,解码器便会禁止起动发动机 2 ~ 4min,尽管此时锁体已经转到了起动位置,发动机仍然不能起动。

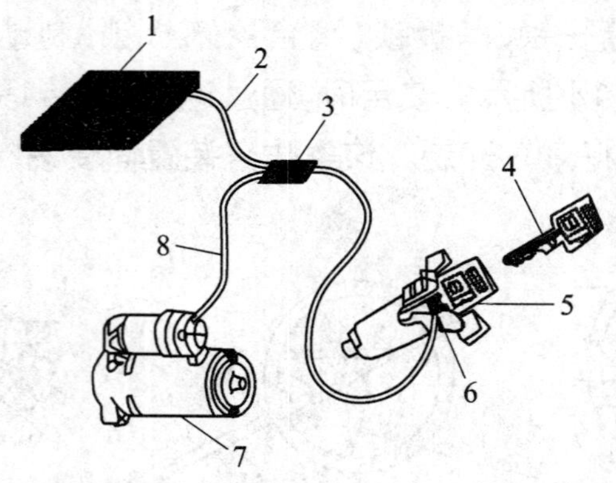

图 5-14　点火钥匙控制式防盗装置示意图

1-发动机控制组件(ECM);2-至 ECM 的频率线路;3-电子钥匙模块;4-点火钥匙;5-点火锁;6-各电阻检测触点;7-起动机;8-电磁开关反馈导线

(2)遥控式电子汽车防盗装置。遥控式电子防盗装置是利用发射和接收设备,通过电磁波或红外线来对车门进行锁止或开启,也就是控制防盗装置进行防盗值班或解除。遥控电子防盗装置在夜间无需灯光帮助就能方便快捷地将门锁锁止或开启。

3. 网络式汽车防盗装置

网络式汽车防盗装置主要有两种:一种是全球卫星定位、通过 GSM 进行无线传输的 GPS 防盗装置,另一种是以地面信标定位、通过有线和无线传输对汽车进行定位跟踪和防盗防劫的 CAS 防盗系统,俗称"地网"。该类防盗系统最大的优点是通过建立在天空和地面的电子网络系统对车辆进行及时报警并跟踪定位,而且这种防盗系统还具有阻断油路、电路熄火停车等既可防盗又可防抢的功能。

第六章　设备维护与劳动安全

第一节　清洗设备的使用与维护

一　移动式清洗机的使用与维护

1. 移动式清洗机结构

移动式清洗机主要由电动机、水泵、管路、喷枪等组成。移动式清洗机工作示意图如图6-1所示。电动机通过弹性联轴器或传动带直接驱动柱塞式水泵。水泵由壳体、曲轴、柱塞以及进水口、出水口、压力表等组成。水泵出水口经胶管与喷枪相连，喷枪由枪体、手柄、扳机及喷嘴等组成。通过喷枪的尾部可以调节出口水流的形状，常用的为柱状和雾状两种。喷嘴有扇形和强力圆形。柱状水流或圆形喷嘴，水流冲击力强，可以除去汽车轮胎及底盘上的干涸泥土。雾状或扇形喷嘴，水流覆盖面积大，除污效率高，适于去除车身上的一般污渍。

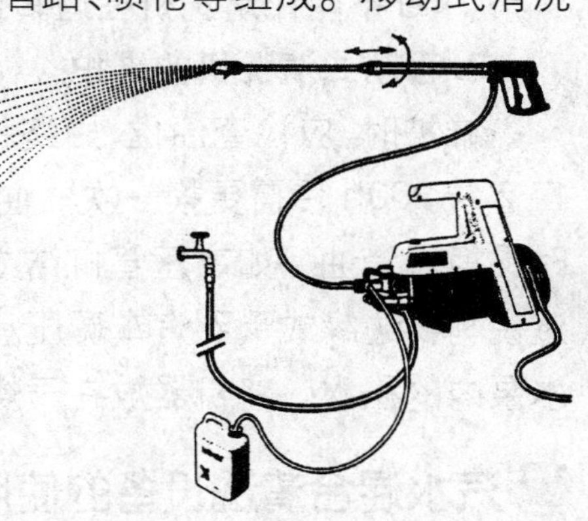

图6-1　移动式清洗机

2. 清洗机使用注意事项

因清洗机的压力较大，所以使用时应确保安全，其使用注意事项如下：

(1)操作高压清洗机时，需始终戴上适当的护目镜、手套和面具。

(2)始终保持手和脚不接触清洗喷嘴。

(3)经常检查所有的电接头。

(4)经常检查所有的液体情况。

(5)经常检查软管是否有裂缝和泄漏处。

(6)当未使用喷枪时,应将扳机设置为安全锁定状态。

(7)尽可能使用最低压力来工作,但是此压力应能满足工作要求。

(8)在断开软管连接之前,应先释放掉清洗机里的压力。

(9)每次使用后应将软管里的水排干净。

(10)绝不能将喷枪对着自己或其他人。

(11)在检查所有软管接头都已在原位锁定之前,绝不能起动设备。

(12)在接通供应水并让适当的水流过喷枪杆之前,绝不能起动设备。然后将所需要的清洗喷嘴连接到喷枪杆上。

(13)不能让清洗机在运转过程中处于无人监管的状态。

3. 移动式清洗机的维护

维护时,应检查油位,始终保持油位正常。水泵曲轴箱内的润滑油每运转200h后需更换一次。曲轴箱内如不慎混入了其他液体,则应及时更换润滑油。如高压管打结或扭曲,不能用力拉扯。不要使高压管拉过锐利物边缘或受到汽车碾压。移动式清洗机长期存放时,应彻底清除水泵内的积水。将机器放在干燥处,切勿与带有腐蚀性的化学品接触。

二 汽水混合清洗设备的使用

现以市场上常见的某多功能清洁护理车为例,介绍汽水混合清洗设备的使用。

1. 使用前的准备

按照使用手册的要求给汽油发电机注入燃料,注入时要注意观察汽油表指针位置,结束后旋紧加油口盖。给发电机和空气压缩机注入润滑油,发电机润滑油加到与机油添加口水平的位置,空气压缩机润滑油加到油窗中间的位置。打开储水罐进水阀向罐中添加清水,同时打开储水罐液位计上端的排气阀,注满清水后关闭储水罐进水阀和排气阀。

2. 使用

(1)起动发电机组。插入起动钥匙,旋转到发电位置,用手拉动起动轮 2 ~3 圈,检查压缩力是否正常。再打开油箱开关和点火开关,将阻风门扳到"关"的位置,将调速手柄扳到开的位置。缓慢拉动起动拉绳几次,以便油泵将汽油注入汽缸内,然后用力迅速拉动起动拉绳,起动后迅速扳动阻风门复位。

发电机起动后应在低速状态下运转 3 ~5min,在此期间应检查各连接件有无松动,有无漏油、调速器失灵等现象,通过听诊检查有无敲击声、零件松动响声和其他不正常响声,如有则应立即停机检查排除。严禁起动后骤然加大负荷,以免引起设备故障。

发电机起动后,扳动发电开关,观察发电机电压表指示的电压,电压指示应稳定在 220 ~240V 范围内。

(2)起动空气压缩机。检查传动带的松紧度是否合适、润滑油油位是否正常。将储气罐的排空阀打开,然后按下起动按钮,使机器在无负荷的状态下起动运转,这样可以延长空气压缩机及电动机的寿命。起动后约 3min 若没有异常现象,可以将排空阀关闭,使储气罐中的压力逐渐升高到预定压力。观察储气罐压力表的压力到达预定压力时,压力开关自动切断电源,电动机停止运转。

正常使用时,为延长设备的使用寿命,电动机每小时自动起动的次数不得超过 8 次。

(3)起动电源输出。按下控制面板上的电源输出按钮,护理车后部的电源插座即可提供交流 220V/50Hz 电源输出。

(4)清洗汽车。检查储气罐压力表和储水罐压力表,正确连接喷枪上的压缩空气和洗车液体的插头。打开洗车液体调整阀门,见到喷枪口有液体流出,用手扳下压缩空气开关,喷枪口即会有高压水雾喷出。调节洗车液体阀门,使压缩空气和洗车液体达到最佳混合状态,即可开始洗车。洗车时喷枪口和被清洗对象保持 5 ~8cm 距离。

特别注意:在使用喷枪时切勿指向人或动物,以免发生危险。使用完毕后首先关闭所有负载,然后关闭发电机。

3. 汽水混合清洗设备安全操作注意事项

(1)在使用发电机作为动力源时,应按照发电机规定的功率进行使用,严禁超负荷、超转速或长期在低负荷、低转速下运行,并严格遵守各项安全操作规程。

(2)在使用发电机作为动力源时,消声器会发出很高的热量,不可触摸,以免烫伤。

(3)插座一定要可靠接地,以免造成触电事故。

(4)发电机排放的废气中含有一氧化碳等有害气体,危害人的身心健康,甚至可在短时间内致人昏迷及死亡,因此长时间使用本设备时应注意通风散热。

(5)在使用发电机作为动力源时,应使用规定牌号的汽油和机油。加油时应把开关关闭,切勿使燃油溢出或洒漏在汽油机及油箱表面,尤其是消声器上。

三 洗车污水处理常用工艺简介

水体污染主要指由于人类的各种活动而排放的污染物进入河流、湖泊、海洋或地下水等水体中,使水和水体的物理性能、化学性能发生变化,从而降低了水体的使用价值。水体污染会严重危害人体健康。造成水体污染的主要原因是人们无节制地向河道排污。

由于目前许多从业人员在车辆清洗时采用粗放型作业,造成大量宝贵的水资源被浪费。在洗车污水中,水量大且相对稳定,污水中的非水物质与其他污水相比要简单得多,污水中绝大部分成分是可以再次利用的水。洗车污水易于收集,再生处理的成本要比其他污水处理的成本低得多,处理技术也比较成熟。工业废水处理分级如下:

一级处理:用机械方法或简单化学方法进行的预处理。可使废水中的悬浮物或胶状物沉淀下来,并能初步中和酸碱度。

二级处理:用生化处理或添加凝聚剂使固体悬浮物分离。二级处理能解决可分解或氧化的有机溶解物或部分悬浮固体的污染问题，能极大的改善水质，绝大部分可以达到排放标准。

三级处理：用活性炭吸附法、离子交换法、电渗析法、化学氧化法等工艺处理难以分解的有机物和溶液中的无机物，处理后可使废水达到地面水、工业用水和生活用水的水质标准。

汽车美容生产废水的处理多采用一级处理方法，经过多次沉淀将脏物清除干净。

四 洗车污水循环回用设备简介

目前市场上洗车污水循环回用设备有许多种，现以某洗车污水循环回用装置为例，简单介绍其结构与基本工作原理。某洗车污水循环回用装置结构如图 6-2 所示，工作原理如图 6-3 所示。

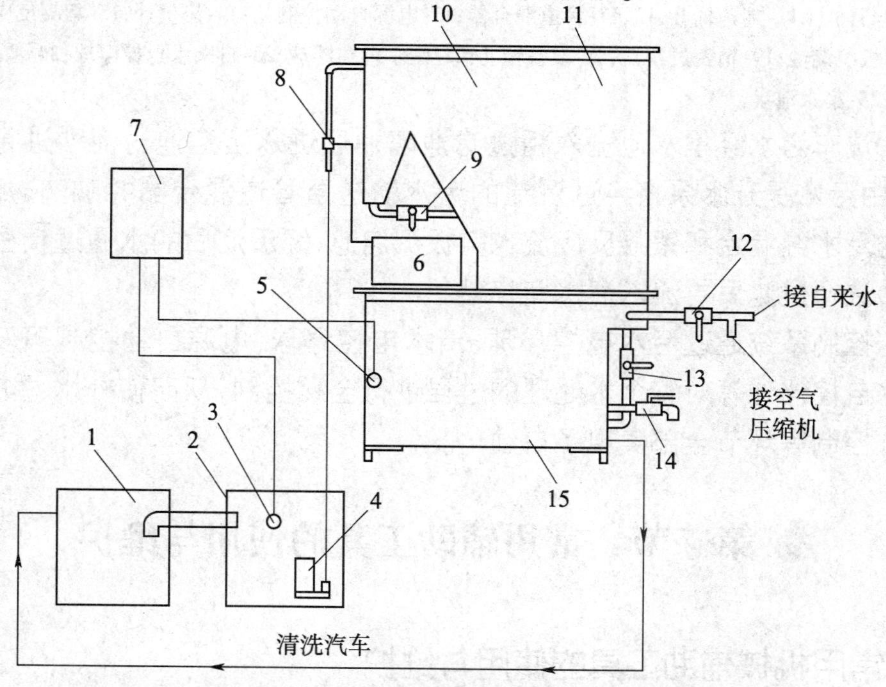

图 6-2 某洗车污水循环回用装置结构示意图

1-隔油池；2-沉沙池；3-污水浮球；4-污水提升泵；5-清水浮球；6-药箱；7-电控箱；8-射流加药器；9-排污阀；10-沉淀池；11-过滤池；12-反冲阀；13-过滤网；14-排污阀；15-清水箱

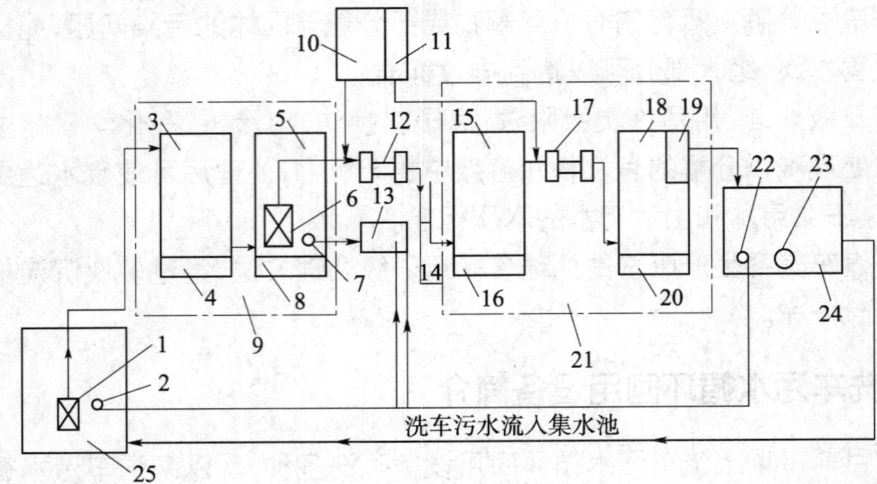

图6-3　某洗车污水循环回用装置工作原理

1、6-提升水泵;2、7-污水电控浮球;3-粗过滤池;4、8、16、20-污泥脱水槽;5-沉淀池;9-设备箱Ⅰ;10-加药桶Ⅰ;11-加药桶Ⅱ;12、17-管道混合器;13-电源自动控制箱;14-流量计;15-絮凝反应池;18-斜板沉淀池;19-精密过滤器;21-设备箱Ⅱ;22-清水电控浮球;23-自来水自控浮球;24-清水储存罐;25-集水池

洗车污水经集水池流入粗过滤池隔油后进入沉淀池对泥沙进行沉淀,由污水提升水泵将经过沉淀的污水输送至管道混合器并加药,加药后的污水经混合和絮凝反应流入斜板沉淀池,经沉淀后的水通过精密过滤器进行过滤后再流入清水储存罐。

控制系统通过污水电控浮球、清水电控浮球、电源自动控制箱及自来水自控浮球等对整个水处理的过程进行全程控制,从而使补水、加药、液位控制等环节全部实现了自动化。

第二节　常用辅助工具的使用与维护

一　常用机械辅助工具的使用与维护

1. 研磨机

研磨机是一种集研磨和抛光为一体的设备,安装研磨盘后可进行研磨作业，安装抛光盘可进行抛光作业。

(1)构造。研磨机主要由壳体、电动机、控制机构及配套装置组成。研磨(抛光)机的构造如图6-4所示。配套装置主要有研磨盘和抛光盘，每种盘所用的研磨和抛光材料有明显区别。

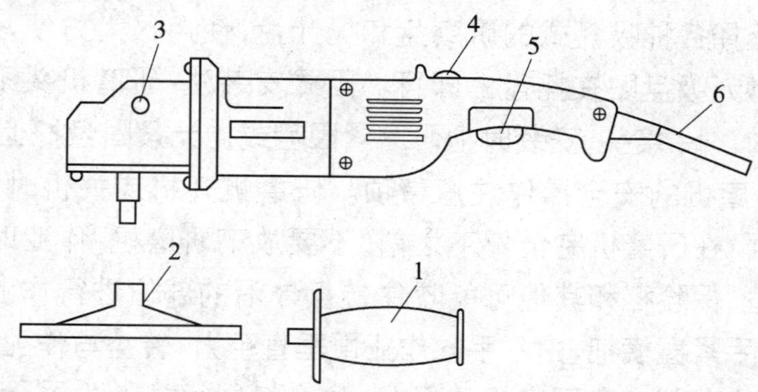

图6-4　研磨(抛光)机构造图

1-握把；2-研磨(抛光)托盘；3-握把安装孔；4-调速器；5-开关；6-电源线

(2)研磨盘和抛光盘。研磨(抛光)盘如图6-5所示。

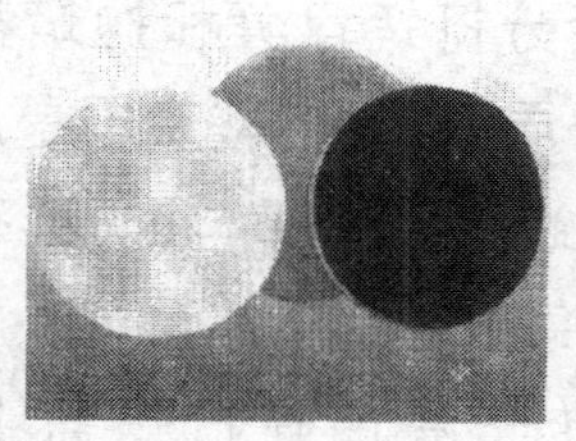

图6-5　研磨(抛光)盘示意图

按盘的颜色，研磨盘和抛光盘可分为黄色盘、白色盘、黑色盘3类。黄色盘一般是研磨盘，用以去除氧化、划痕。白色盘一般是抛光盘，用以去除发丝划痕及抛光。黑色盘一般是还原盘，适合透明漆的抛光和通用型漆的还原。

按盘的材料，研磨盘和抛光盘可分为纯羊毛盘、混纺盘、海绵盘等。纯羊毛盘采用传统切割材料，研磨功效大，用于透明漆要小心，可用于普通漆的研磨和抛光。混纺盘类似于羊毛盘，但要柔软得多，可用于普通漆和透明漆的抛光。海绵盘可用于普通漆和透明漆的研磨、抛光。

(3)研磨盘和抛光盘的安装方式。研磨盘和抛光盘有两种安装方式。吸盘式安装法:首先将一个硬质底盘(又称托盘)用螺钉固定在研磨机的机头上,托盘的另一面可粘住带有尼龙易粘平面的物体。这时可根据需要选择各种吸盘式的研磨盘和抛光盘,使用极为方便,只要把研磨吸盘或抛光吸盘贴在托盘上即可。固式安装法:研磨机头不带托盘,只有一个内(外)接头,安装时把研磨紧固盘或抛光紧固盘拧上去。

(4)研磨机的安全操作注意事项。研磨机开机或关机时决不能接触工作表面;在研磨机完全停下之前,不要放下研磨机;作业时,不要对太靠近边框、保险杠和其他可能咬住转盘外沿的部位进行作业,右手紧握直把,左手紧握横把,由左手向作业面垂直用力,转盘与作业面要保持基本平行;应时刻注意研磨机的导线,防止将导线卷入机器;抛光时,应注意不要让灰尘飞到脸上,而应使其落向地面。

2. 打蜡机

打蜡机是把车蜡打在漆面上,并将其抛出光泽的设备。打蜡机的配套材料主要指打蜡盘的各种盘套。盘套分打蜡盘套和抛蜡盘套两种。打蜡盘套用于把蜡涂在车体上,其结构外层是毛巾套,底层是皮革,皮革能起到防渗作用。抛蜡盘套的用途是把蜡抛出光泽,其材料有3种:一是全棉制品,二是全毛或混纺制品,三是海绵制品。

使用打蜡盘套上蜡时,将液体蜡转一圈倒在打蜡盘上,每次按0.5m^2的面积涂匀,直至打完全车。不使用打蜡盘套上蜡时,可用海绵或毛巾蘸少许蜡,每次按0.5m^2的面积涂匀,直至全车上完蜡。上完蜡后,等待几分钟时间,待车蜡凝固。安装抛蜡盘套,打开打蜡机,将其轻放在车体上横向(或纵向)进行覆盖式抛光直至光泽令人满意。

3. 吸尘器

吸尘器是进行汽车内室日常清洁的主要设备。采用吸尘器可方便地将内壁、地毯、座椅及缝隙中的浮尘和脏物吸除干净,且不会造成尘土飞扬。

使用前，按说明书中讲述的步骤和方法将吸尘器各部分组装好。起动前先核对一下电源的电压和频率，当确认无误后，即可接通电源试用。使用时，应注意以下事项：

(1)不要用吸尘器吸集金属碎屑，以防电动机损坏。

(2)每次使用前，应先将集尘袋清理干净。使用过程中如集尘袋过满也要及时清理。

(3)吸尘器工作时，不要将手放在吸入口附近，以免发生危险。

(4)吸尘器导线的绝缘保护层要完好、必须有可靠的接地线，以免发生触电事故。

二 常用手工辅助工具的使用与维护

在汽车清洗作业中，由于其待处理表面各部位材料的质地、外观形状各不相同，因此在操作时也必须选用相应的工具和用品，以保证清洗质量。常用洗车手工辅助工具有：海绵、毛巾、麂皮、板刷、刮涂工具、防锈工具、打磨(抛光)工具等。

1. 毛巾

毛巾的主要作用是擦拭车身，为保证清洗效果，要求其在擦拭过程中不应有细小纤维的脱落。所以在洗车作业中使用的毛巾最好选用无纺布制品。此外，根据汽车的不同部位，在正规车辆美容作业中一般都要同时使用多种毛巾。

2. 海绵

海绵常被用于擦拭车身，应选用洗车专用海绵。使用时，要先让海绵吸入适量已经配好的洗车液，这样就可用于清除漆面上附着力较强的污渍。

3. 麂皮

麂皮质地柔软、材料结实、不掉毛，有利于漆面的保护，更重要的是它具有良好的吸水能力，尤其是对车身表面及玻璃水膜的清除效果极佳。麂皮在洗车作业中使用广泛，主要用于擦干车表。洗车作业中先用毛巾或浴巾对车表擦干后,再用麂皮做进一步擦拭。

4. 车巾

车巾是将无纺布通过浸润于由蜡、树脂以及去离子水乳化混合后的液料中制成的。车巾液料中包括清洁剂、润滑剂和保护釉三大类物质。当使用车巾擦洗物体表面时,污渍软化后便被吸附到无纺布上。车巾中的润滑剂能起到润滑无纺布与被擦表面的作用,保护了被擦洗的漆面。同时,无纺布涂上保护釉,还能起到遮盖漆面磨损痕迹,提高被擦表面的光洁程度的作用。

5. 刮涂工具

在汽车美容过程中,有时车身的局部外表受损较为严重,划痕较深,从业人员还须用腻子将其填补磨平。填补腻子的常用刮涂工具有硬刮具和软刮具两种。硬刮具有牛角刮刀、层压胶板刮刀、环氧板刮刀以及钢皮刮刀等,通常用于平面及大面积凹坑(划痕修补时一般不用),软刮具一般用于涂刮小的凹坑,刮出的腻子表面较平滑,遗留孔隙较小。

6. 除锈工具

除锈工具包括铲刀、钢丝刷、手用电动钢丝磨头、手用电动砂轮等。

(1)铲刀。常被用于铲除旧涂膜和旧腻子。

(2)钢丝刷。一般用来清除汽车金属表面上的浮锈以及附着的污物。

(3)手用电动及风动钢丝磨头。其作用与钢丝刷基本相同,但比钢丝刷效率高。

7. 打磨、抛光材料及工具

(1)砂纸。砂纸是采用黏结剂将磨料粘贴在特制的纸或布上制成的。砂纸用磨料的粒度以数码来表示,数码越小,磨料越粗。磨料粒度不同,其用途也各不相同。

(2)磨石、橡胶垫块。磨石主要用于磨平第一道和第二道腻子,使用磨石可提高工作效率,节约砂纸。车辆美容中一般采用人造磨石。橡胶垫块一般是用平整的硬质橡胶板自制,一般将18 ~20mm 厚的橡胶块制成长150～200mm、宽50～60mm的垫块，操作时将其垫于砂纸背后用来打磨腻子，垫上橡胶块后，能在打磨掉物体凸出处的腻子的同时，保留凹处的腻子。

8. 刷涂工具

刷涂工具主要有漆刷、画笔、毛笔、存放涂料的容器等。

(1)清洁用刷子。刷子有各种形状，主要用于清除轮胎、挡泥板等处附着的泥土与尘垢，由于上述部位泥土附着较厚，不易冲洗干净，所以在洗车时应有针对性地进行刷洗。

(2)漆刷。漆刷有很多种类，按形状可分为圆形、扁形和斜形3种；按制作材料可分为硬毛刷和软毛刷两类。

(3)毛笔与画笔。毛笔和画笔在汽车美容中常用于描字、划红以及涂刷不易涂到的部位和局部补漆。常用的画笔主要有长杆画笔，毛笔一般选用狼毫为好。

第三节　劳动安全

为了保障人身财产的安全，汽车美容装饰生产作业中应采取必要的安全措施。汽车美容装饰安全技术重点是生产作业中不安全因素的分析和预防。

一　汽车美容装饰作业中的安全问题

在汽车美容装饰作业中可能会发生的安全问题主要有：

(1)汽车美容装饰使用的材料中，部分产品含有有机溶剂，当其蒸气与空气混合到一定比例时，一旦遇到火源(不一定是明火)就会发生爆炸。

(2)汽车美容产品和汽车涂料中，部分有机颜料、添加剂等都含有毒性，大量吸入或长期接触皮肤，将可能引起职业性中毒。

(3)作业不慎，引起汽车有关系统的故障，损毁汽车电器或车身装饰。

(4)潮湿的作业场所给用电安全带来隐患。

(5)在作业过程中产生的废涂料、废溶剂等如果保管不善,堆积在一起容易产生自燃并引发火灾。

(6)顾客或从业人员不遵守防火规则,在作业现场使用明火或抽烟。

二 防火安全注意事项

(1)汽车美容作业车间的所有结构件都应采用耐火材料制作。

(2)使用易燃涂料的作业车间属于火灾危险区,应采取相应的消防措施,一般应布置在厂房的一边,并用防火墙与其他区域隔开。

(3)所有的门均应开设在最近的外出口处,而且门要朝外开。一般要求最远的工位到外出口或楼梯口的距离在一层楼房中不大于30m,在多层楼房中不大于25m。通向安全门的通道要保持畅通无阻。

(4)厂房式场地每立方米空间体积对应的窗户或易打开的顶盖面积不小于0.05m^2。

(5)厂房式的场地应有2个出口(或称安全门),其中1个出口应朝外,场地面积在100m^2以内的可设置1个出口。

(6)厂房式场地内每30m^2应保证有下列消防工具:2个泡沫灭火器,0.3~0.5m^3容积的沙箱和1把铁铲。

(7)所用的各种电气设备和照明灯、电动机、电气开关等都应有防爆装置,电源应设在防火区域以外。

(8)场地中的所有金属设备都应可靠接地,防止静电积聚和静电放电。

(9)擦过溶剂和涂料的棉纱、破布等应放在专用的带盖铁箱中,并且要求定时处理,特殊情况滞留量大时应及时处理。

(10)严禁向下水道倾倒易燃溶剂和涂料。

(11)作业场所应符合防火安全技术要求。

(12)作业场所必须按要求配置灭火设备,并对从业人员进行消防安全知识培训。

三 卫生安全防护

1. 汽车美容装饰作业中的安全防护

在汽车美容装饰作业中部分原料及产品是有毒的,对人体的毒害作用也是多方面的,其中在涂料中对人体毒害比较大的物质有如下几类:

(1)有机溶剂。美容用品中的有机溶剂不仅对皮肤有侵蚀作用,而且对人体中枢神经系统、造血器官和呼吸系统等也有刺激和破坏作用,可引起头痛、恶心、胸闷等。长期接触而又不注意预防,则有可能引起各种疾病。例如苯、甲苯等芳香烃溶剂对造血器官有毒害作用,长期接触及在高浓度环境中可能因急性中毒而发生休克;慢性中毒将出现血小板和白血球减少,并引起相应症状。甲醇和甲醛等对神经系统有毒害作用,长期接触及在高浓度环境中可能急性中毒而发生休克,视力衰退直至失明;慢性中毒将引起呼吸道黏膜炎、头痛、肝功能衰退、视力衰退等。

(2)合成树脂单体。其毒害作用和部分有机溶剂相似。另外随单体品种的不同还有一些特殊的毒害作用。例如,异氰酸酯的蒸气刺激眼黏膜,具有强烈的催泪作用,吸入后刺激呼吸系统,引起干咳、喉痛。长期吸入甲苯二异氰酸酯蒸气将损伤肺部,引起头痛、支气管炎和哮喘症状,严重者将引起呼吸困难。

(3)重金属颜料。例如在长期接触红丹、铬黄等含铅颜料后,可能引起铅中毒症状。

(4)作业粉尘。汽车美容作业经常使用研磨膏、抛光蜡等物质,这些物质在抛光机高速抛甩下,弥漫在作业场所,如不注意劳动保护而过多吸入,可能引起对身体的伤害,长期接触则可能导致肺沉着病(旧称硅肺、矽肺)。

2. 卫生安全防护措施

为保障操作人员的身体健康,作业车间应有切实的卫生安全措施,并对操作人员经常进行卫生教育和训练,使操作人员具有必要的卫生安全知识。

(1)在涂装车间内应保持温度不低于15℃,相对湿度为50%~60%,清洁无灰尘。

(2)在使用暖风的情况下,一般不采用循环风。在有害气体浓度不超标的场合才允许部分采用循环风。

(3)产生有害蒸气、气体和粉尘的工位应安设有排风装置,使用有害气体(或粉尘)含量不超过卫生许可浓度。

(4)换气风口和排废气点之间距离在水平方向不小于10m。

(5)带轮、打磨抛光机的转盘等转动部位应设有保护罩。

(6)清洗喷枪、刷子等涂装工具时,应在带盖溶剂桶内进行,不使用时可自动密闭。

(7)涂装人员在操作时,应穿戴好各种防护用具,如专用工作服、手套、面具、口罩、眼镜和鞋帽等。

(8)使用强酸和强碱时,操作人员应穿戴专用工作服(包括橡胶手套、橡胶套袖、围裙和眼镜等)。

(9)不允许在涂装现场吃零食,以免误食而中毒。

(10)工作完毕后要淋浴,施工人员要定期进行体格检查。

四 其他安全防护知识

1. 电动工具的安全

汽车美容与装饰中使用的大部分是手持式电动工具,使用手持电动工具的安全事项有以下几个主要方面:

(1)不要提着电动工具的导线或转动部分,以免损坏导线及其他工作部件或发生绞伤。

(2)在使用电钻时,不要在夹具停止转动以前拆换钻头或其他工作部件,以免绞伤。

(3)在金属物体上用电钻钻孔时,不要用手直接清除钻出的铁屑,以免划伤手指。

(4)在梯子上使用电动工具时,应采取适当的安全措施,防止高处坠落或其他可能发生的事故。

(5)在使用电动工具过程中,工作人员如因故离开工作场所或暂时停止工作,以及遇到临时停电时,需立即切断电动工具的电源开关,以防其他人员误动电动工具,或在电源突然恢复时电动工具起动而造成事故。

(6)电动工具的导线不应与热源接触,也不要放在潮湿的地上,特别要防止载重车辆或重物压在导线上,以免损坏导线绝缘。

(7)为避免操作工触电,大多数电子设备使用三脚插头与三脚插座相配合,以保证可靠的接地。同时,电气线路也要可靠接地,接地电阻应小于0.4Ω。在使用电动工具的场所,最好要安装漏电保护装置。工作时如需手灯进行照明,则应使用电压为36V的安全照明灯。

2. 延接线

只有在万不得已的情况下才使用延接线。如果使用延接线,应使其长度尽可能短。使用延接线时还必须牢记下列安全事项:

(1)延接线应足够长,以免造成过度拉伸、变形和磨损。

(2)使用延接线前应先检查导线有无裸露、松弛,以及绝缘层有无损坏。如有损伤之处,就必须更换。

(3)选择合适的延接线放置位置。要确保外接线没有和尖锐的物体、热表面或化学物质相接触。导线不允许受到扭折和碾压,不能浸入或溅到机油、润滑脂。延接线的放置也要便于操作工操作,以防绊人或脱开。

(4)应先连接工具与延接线,再连接延接线与转换插座。而分离工具与延接线之前,应先分离延接线与转换插座。

(5)使用延接线时应经常检查有无不正常的过热现象。任何导线的绝缘层表面如果用手触摸时感觉明显发热,就应立即停机检查是否过载。

参 考 文 献

[1] 周燕.汽车美容与装饰[M].北京:机械工业出版社,2009.
[2] 林皓琪.汽车美容装潢工(初级)[M].北京:中国劳动社会保障出版社,2004.
[3] 林皓琪.汽车美容装潢工(中级)[M].北京:中国劳动社会保障出版社,2005.
[4] 林皓琪.汽车美容装潢工(高级)[M].北京:中国劳动社会保障出版社,2007.
[5] 马勇智,吴晋裕.汽车美容[M].北京:人民交通出版社,2004.